U0666888

社会主义核心价值体系建设
"双百"出版工程
项 目

100位
新中国成立以来感动中国人物

方永刚

虞章才 王智涛/编著

★

吉林文史出版社

《100位新中国成立以来感动中国人物》丛书

★★★★★

编 委 会

前　言

　　每个人的心中都多少有一点英雄情结，都向往英雄、景仰英雄。也正因此，在中华人民共和国建国六十周年之际，由中央十一部委联合组织开展的"100 位为新中国成立作出突出贡献的英雄模范人物和 100 位新中国成立以来感动中国人物"的评选活动中，群众参与投票总数近一亿。这其中的每一张选票，都表达了人们对英雄模范的崇敬之情，寄托着对伟大祖国的美好祝福。

　　一个民族不能没有英雄，否则这个民族就不会强大。当国家危难之时，懦弱者选择了逃避、妥协甚至投降，英雄们却挺身而出，用热血捍卫民族的尊严，人民的幸福。在创立和建设新中国的伟大历程中，涌现出无数可歌可泣的英雄模范人物。他们之中，有为了民族独立和人民解放而英勇牺牲的革命先烈，有为了党和人民的事业而不懈奋斗的优秀共产党员，有在全民族抗战中顽强奋战、为国捐躯的爱国将士，有英勇杀敌的战斗英雄和革命群众，有积极从事进步活动的著名民主爱国人士和国际友人……他们是民族的脊梁、祖国的骄傲，是激励全体人民团结奋斗的精神力量。

　　《100 位新中国成立以来感动中国人物》丛书，就像一部星光璀璨的英雄谱，真实、完整地记录了英雄模范人物不平凡的一生，再现了他们非凡的人格魅力和精神世界。舍身堵枪眼的黄继光，拼命也要拿下大油田的王进喜，中国原子弹之父邓稼先，新时期领导干部的楷模孔繁森……一串串闪光的名字，一个个动人的故事，犹如群星闪烁，光耀中华。

　　当今中国正处于伟大变革的时代，迫切需要涌现出一大批勇于承担历史使命、为祖国和人民奉献一切的先进人物。在"双百"人物崇高精神的引领下，在建设社会主义现代化国家的征程中，必将英雄辈出。

生平简介

　　方永刚（1963-2008），男，汉族，辽宁省朝阳市人，军事学博士，中共党员。原海军大连舰艇学院政治系中国特色社会主义理论教研室教授、马克思主义中国化理论学科带头人，曾兼任辽宁省国防教育讲师团成员、大连市讲师团成员等。

　　方永刚 1985 年 7 月毕业于上海复旦大学，同年入伍，先后在海军政治学院、海军大连舰艇学院任教，长期从事政治理论教学和研究工作。20 多年来，方永刚坚持深入学习、坚定信仰、模范践行党的创新理论，深入部队、工厂、农村、学校和社区，真情传播党的创新理论，被誉为"平民教授"、"大众学者"。方永刚立足三尺讲台，辛勤耕耘，先后完成 10 多项政治理论研究课题，出版了 16 部政治理论研究专著，发表学术论文 100 余篇，多项成果获国家图书奖、全军政治理论研究优秀成果奖。方永刚为人师表，诲人不倦，为部队和地方党政机关、社区、企事业等单位做辅导报告 1000 多场，为部队培养了近万名优秀基层政工干部，荣获全军院校育才奖。

　　2007 年 6 月，中央军委授予方永刚"忠诚党的创新理论的模范教员"荣誉称号。2007 年 10 月，方永刚光荣地出席了党的十七大。方永刚的先进事迹和崇高精神经媒体宣传后，在社会各界引起强烈反响。2007 年 9 月，方永刚被评为"全国道德模范"；2008 年 1 月，方永刚被推选为中央电视台"感动中国 2007 年度人物"。

1963-2008
[FANGYONGGANG]

◀ 方永刚

目 录 MULU

生命为最壮丽的事业燃烧（代序）

一位不懈追求真理、忘我传播真理的理论战士的身影，永远定格在他生命的第 45 个春天。

2008 年 3 月 25 日夜，解放军总医院南楼消化内科 8 号病房灯火通明，"忠诚党的创新理论的模范教员"方永刚心跳趋缓，血压降低，各器官功能衰竭。22 时 08 分，一张洁白的床单，盖在他清癯而安详的脸上。

从 2006 年 11 月 8 日被诊断为晚期结肠癌，到生命的最后一息，方永刚与病魔顽强抗争了 503 天……

这，是他辉煌人生的最后一段路程。

就在一个月前，方永刚荣膺 CCTV "感动中国 2007 年度人物"。他在病床上依然研究学习党的创新理论的事迹，通过荧屏传遍千家万户，再次深深打动了无数人的心。

坚定与忠诚，真挚与执着，顽强与乐观。方永刚最后的人生脚步，依然是一曲激昂的生命交响曲。

一位哲人说过："当人们相信他们能够为真理自身之故而追求真理时，他们实际上是在真理之中追求生命。"回顾方永刚的生命历程，他之所以能够始终不渝地坚信党的创新理论，把学习、研究、传播和实践党的创新理论作为人生的莫大快乐和幸福，直至生命的最后一刻，根源于他从自己的切身经历中，认识到在当代中国只有党的创新理论才能解决我们面临的发展问题，才是指引中国走向繁荣富强、人民生活富裕、社会和谐发展的科学真理。因此，他坚信自己所从事的是"太阳底下最神圣的事业"，甘愿奉献自己的全部，让党的创新理论的真理之光照亮千家万户，照亮广大官兵和人民群众的心田。

方永刚是深深根植于党的创新理论沃土，在党的创新理论哺育下成长起来的一名优秀政治教员和理论工作者。他的成长进步伴随着改革开放的历史进程，是党的好政策给他带来一次又一次机遇，是中国特色社会主义伟大实践成就了他传播和践行党的创新理论的崇高事业。他的先进事迹充分印证了党的创新理论的巨大魅力和实践威力。

改革开放的伟大实践改变了方永刚的命运。方永刚是辽西山区普通农民的儿子。十一届三中全会以后，他有了上大学的机会，考入上海复旦大学历史系，靠学校发给的救济被、救济金和助学金，顺利完成了学业。毕业后，他参军入伍，成为海军大连舰艇学院政治教员，并获得了硕士、博士学位。他从一名农村青年、普通大学生成长为大学教授，亲历改革开放的艰辛探索，从中看到了党的创新理论的力量。正如他自己所说："没有党的好政策就没有我的今天，没有党的培养就没有我的成长。我怀着感恩的心，对党的理论产生了浓厚兴趣，喜欢上了理论研究工作。从对科学真理的探求中，我确立了事业志向，以传播和践行党的创新理论的实际行动，回报党、回报国家、回报社会。"20 多年来，他把传播党的创新理论当成最神圣的事业，甘愿奉献全部心血，燃烧满腔激情。

党的创新理论武装了方永刚的思想。党的创新理论具有鲜明的实践特色、民族特色和时代特色，它的科学性、真理性，深深吸引了方永刚。20 多年来，他与时代同步，与真理同行。在大学期间，他从古今中外的历史比较中感悟到党的创新理论的伟大，通读了《马克思恩格斯选集》、《列宁选集》，系统学习了毛主席著作。走上工作岗位后，他以理论工作者特有的敏锐性，紧跟党的创新理论步伐，认真学习研究邓小平理论、"三个代表"重要思想和科学发展观，紧紧抓住国防和军队建设、社会发展的重大问题，广大官兵和人民群众关注的热点、难点问题，研究解读党的创新理论。他先后承担了邓小平理论、"三个代表"重要思想、科学发展观等 10 多门课的教学研究任务，连续 6 年教学质量被评为 A 级；同时完成了 16 部专著、100 多篇学术论文；多次被评为优秀教员、成才标兵，荣获"全军院校育才银奖"、"全军政治理论研究优秀成果"一等奖等 39 种奖励。正是对党的创新理论如饥似渴地学习，锲而不舍地钻研，使他提高了政治素质、理论素养和专业水平，升华了思想境界，坚定了理想信念。

人民群众对真理的渴求为方永刚提供了实践舞台。党的创新理论是指引国家富强、人民富裕、社会和谐的理论，是人民群众可亲可信的理论，具有赢得人心、掌握群众的无穷力量。人民群众对党的创新理论有一种深入了解的渴望、科学认知的需求、指导实践的期盼。人民群众真诚欢迎党的创新理论，方永刚才有了更加广阔的"讲台"；人民群众真心拥护党的创新理论，方永刚的宣讲才引起强烈的共鸣。正如方永刚所说："我的课之所以受欢迎，最根本的是党的创新理论深得人心，最重要的是人民群众需要科学理论的武装和指导。"几年来，方永刚在完成年均 200% 教学任务的同时，担任多个单位的客座教授，从海军部队到陆军、空军、武警部队，从基层舰连到医院、仓库、干休所，从党政机关到街道社区、企业学校、农村乡镇，广泛宣传党的创新理论，讲课辅导达 1000 多场次，被誉为创新理论的"科普专家"、"大众学者"、"平民教授"。

20 多年来，方永刚始终牢记入党誓言，把为党的事业奋斗看成自己的人生价值，用奉献支撑追求，用信念铸就忠诚，用生命点燃辉煌，充分体现了共产党员的高度政治觉悟。他坚持把讲台当阵地，视传播党的创新理论为神圣职责，坚守本职岗位，辛勤耕耘、默默奉献，既教书，又育人，充分体现了优秀教师的高尚师德师风。方永刚执著追求党的教育事业，绝不让自己轻易撤离"阵地"，即使身患重病，仍坚持利用治疗间隙上完学期最后一课，在病房辅导研究生毕业论文，身上带着导流管为大连市地税局做辅导报告。手术后 13 天，他就提出申报马克思主义中国化最新成果的国家级研究课题。在得知自己病情十分严重的时候，仍然念念不忘事业。方永刚许下心愿：

"我和春天有约，春暖花开的时候，我要走下病床，走出医院；我和夏天有约，艳阳高照的时候，我要和战友一起，庆祝我军 80 岁生日；我和秋天有约，枫叶红了的时候，我要和人民群众一道，喜迎党的十七大胜利召开；我和冬天有约，瑞雪曼舞的时候，我要再次走上三尺讲台，让有限的生命为太阳底下最壮丽的事业而燃烧。"

这是 2007 年初春的一天早晨，方永刚伫立在病房窗前，看着柳树在初升的太阳下绽放着新绿，许下的"四季之约"。他的生命之约，也是他献身精神的真实写照。

一年间，方永刚的病情日渐沉重，但他在无数人的真诚关爱和鼓励下，点燃着生命的激情，欣然面对他的"四季之约"。

进入 2008 年，方永刚的病情日趋恶化，可他依然坚定、乐观。他和妻子回天燕许下新的一年中的"四季之约"：

"春天，我们一起收听、收看新一届'两会'的盛况；夏天，一起观看北京奥运会；秋天，一起送儿子方舟上大学；冬天，一起庆祝改革开放 30 周年……"

如果奇迹发生，这将是方永刚又一个温暖如春的人生四季。

然而，方永刚终于离开了我们。人们宁可相信，他是在安然入睡。在他的梦境里，依然洒满温暖的阳光……

斯人已逝，风范长存。方永刚走得没有悔憾。他生前曾多次说，能够在他深深信仰和热爱的事业中履行自己的使命，是人生之幸。并不是所有人都愿意选择并能承担起这样的使命，而方永刚的一生，都与之紧紧相连。正如他所说："如果有一天我的生命之钟停摆了，我愿意把它定格在自己的岗位上，永远保持一个思想理论战线英勇战士的冲锋姿态。"

是的。方永刚永远都走不出人们的记忆。在辽西大地上，数以万计曾经听过方永刚讲课的听众怀念着那个带上一杯白开水、一条白毛巾就开讲，把理论讲得像故事一样好听的"科普专家"、"平民教授"。更多的人，记住了这位把生命永远保持在冲锋姿态的军人……

沙棘之乡润少年

→ 刻在大山褶皱里的印记

★★★★★

辽宁省朝阳市建平县萝卜沟乡，是辽西大地上有名的"沙棘之乡"。

沙棘这种没有鲜艳色彩、没有芬芳香气的胡颓子科植物，却有着极强的抗风蚀能力。经大风吹蚀，即使根系被吹出、失去支撑，匍匐在地的沙棘枝冠仍能存活生长。

在这个被誉为"沙棘之乡"的萝卜沟乡，一个光是名字就能让人想到贫穷的小地方，有一个位于两山之间、十年九旱的贫困山村——水泉村。这里的贫穷，可以用"两山加一沟，河水常断流，'重工业'是砸石头，'轻工业'是磨豆腐"来形容。

1963年4月22日，水泉村西头路北向南的一座方姓小院落里添了个男孩，因是家里第五个男孩，依据当地习俗便叫作"小五子"。

这个"小五子"，就是方永刚。

方永刚在这片"六山一水三分田"的贫瘠山沟里成长，似乎也天然地承袭了沙棘这种坚韧的特性。

水泉村——那个土地贫瘠、十年九旱的小山村，带给方永刚的，更多的是贫困。

方永刚家里兄弟姊妹七个，粮食时常不够吃，山野菜、榆树叶和着小米面、玉米面就是主食。每次到做饭时，方永刚的母亲总拍着大腿哭："咋样才能让这七个孩子吃饱呀！"

由于缺衣少食，方永刚从小就发育不良。从懂事起，方永刚就开始为父母分忧。父母在田地里劳作时，他会勤快地干一些力所能及的家务活，或在山上拣野菜，或打猪草，或捋榆钱儿，用自己稚嫩的肩头承担起生活的重担。

这是发生在方永刚 10 岁那年的事。

那一年夏天，大人都上山干活了，方永刚带着 7 岁的弟弟方永强在家看家。

当时，方永强说："五哥，我饿啊！"

"饿怎么办？家里什么吃的都没有。"方永刚就领着弟弟方永强在后边的园子里转悠。突然，方永刚发现他家隔壁西边、他表舅家的一棵大榆树上挂了一个筐。方永刚二话没说，"刷刷"爬上去之后，发现新大陆了：是一筐煮熟了的玉米。

方永刚的表舅家都是女儿。当时是平均分配，像壮劳力一个月 30 斤粮食，刚生下的小孩一个月也是 30 斤粮食。他表舅家吃不了，而方永刚家则不够吃。于是方永刚就揣进怀里 4 根玉米。

从树上下来后，方永刚和弟弟把玉米吃了，饱了，但心里很害怕，像揣个兔子似的，不敢告诉大人。谁知，到第二天，看筐还在那儿挂着，肚子还依旧挨着饿。再上去一趟吧。半个月都是如此。其实，方永刚当时心里也很纳闷，因为你从筐里一天拿 4 根，主人肯定会发现的。那为什么到最后筐里还是满的，这在当时让方永刚百思不得其解。后来，方永刚明白了，这是表舅在默默地接济他们。上大学以后，方永刚和表舅唠起这事的时候，表舅说："我早就知道是你干的，也只有你才能干，因为这个树，一般人爬不上去，就你能上去。"就那样，表舅隔三五天就煮一次玉米送上去，意在好让他们长身体……

花开花落，风起云飞。方永刚童年的向往，刻印在这座大山的褶皱里："将来有一天，我要让全家人和乡亲们都过上好日子。"

➜ 穷孩子立志学"永刚"

★★★★★

苦难的童年培养了方永刚不怕吃苦、敢于挑战命运的性格，而英雄情结也同样根植于他幼小的心灵。

方永刚长到上学年龄，对屏幕上《平原游击队》里的英雄"赵永刚"好生羡慕，便自己起个大号就叫"永刚"。

小学开学第一天，老师问他叫什么名字，方永刚带着稚嫩的童声响亮地回答："我叫方永刚！"

老师禁不住地称赞"好名字"，边登记边随口问他这名字是谁起的。

方永刚答："是我自己起的。我是照着电影《平原游击队》里那个'赵永刚'的名字起的！"

低头填表的老师抬头打量了他一下，点点头，连声说了三个"好"，并夸奖方永刚将来肯定是一块好"钢"。于是，作业本上就有了"方永刚"这个响亮的名字。

上学的时候，全家仅有的一盏油灯方永刚却难以分享，因为母亲做饭、做针线活要用，方永刚只有全神贯注地把在校的 6 节课每分每秒都充分利用起来，成绩一直在全镇名列前茅。殊不知，方永刚上学用的作业本和笔，都是他和弟弟去山上套兔子到供销社换来的。

高中阶段正是长身体的时候，为了不让方永刚饿肚子，每次去学校前，母亲总会用罐头瓶子装满咸萝卜，连同一包金黄的玉米饼子塞进他的书包。方永刚不愿一人独吃，他总是趁着母亲不注意悄悄拿下来几块饼，到学校后，他却发现拿出的饼又被塞进了书包。

高中住校，他和一个同学合伙买菜吃，两个人一个月只有 4 元钱的菜金，买不起菜就用酱油将就。就是如此，他一天要学习 14 个小时。每天早上，学校的早自习还没开始，方永刚就坐到教室里看书了，有时班主任徐卫三特意 5 点多钟就到教室看看，每次去，都看见方永刚点着蜡烛学习，也不知已经看了多久了。"小鼻子都熏黑了。"每每说起方永刚，徐老师都会想起这事。

困苦，让方永刚养成了在困难面前从不低头、从不服输，积极进取、乐观向上的性格。方永刚说："小时候受苦，是长大之后的一笔巨大的财富。"

虽然生活条件艰苦，但人与人之间那种纯朴的情感，给了方永刚很多温馨的回忆，也养成了他真诚朴实的性格，继而凝聚成方永刚永不褪色的纯朴品质。同时，还有电影中那个敢于战天斗地的英雄形象，激励着方永刚冲破命运的羁绊，以优异的成绩考上上海复旦大学历史系，成为恢复高考制度后，建平县萝卜沟乡第一个走进大学殿堂的人。

→ 拨乱反正，摘掉了"富农崽子"的帽子

★★★★★

　　方永刚家所在的萝卜沟乡是全县最穷的乡，所在的建平县被列为国家级贫困县。作为贫困山区的一个家庭，方永刚的祖辈相对而言过得还算好。

　　那时，方永刚祖上有10多垧地（1垧地相当于15亩），10多口人。这10多垧地如果放在关内，或者土地比较肥沃的地方，收入一定很可观，但是在萝卜沟乡这个地方，好年景收入还可以果腹，如果遇到灾荒年头，也需要汤、菜补充维系。方永刚祖上没有雇工，自己家里人口多，这10多垧地也能种得过来。但在1948年土地改革时，当时的工作队是根据土地所有情况定的成分。由此，方永刚家就被定成了富农。后来，到了他的父辈就分家了，他父亲只分到了3垧地，可是这种变化并没有影响他们家的成分。事实上，方永刚家的生活水平在富裕地区也就能算个中农水平。

　　方永刚是1963年出生的，那时距土改已经15年了，富农成分带给他的只有苦难，而方永刚感受

到的只是年年闹饥荒的艰辛生活，还有富农这个特殊成分带给他的精神压力。他的哥哥、姐姐也是富农成分，既不能参军、入党，也不能考大学和参加工作。

有一年，村里遭灾，政府给村民供应粮食，别人家都是无偿的救济，方永刚家因是富农成分得到的粮食却是返销，来年得还，而且数量没有救济多。

"那时候在学校和同学闹矛盾了，老师过来就冲我吼'你个富农崽子'。"回忆起往事，方永刚笑着这样说。

1978年底，党的十一届三中全会召开，方家终于卸下富农家庭成分的包袱。方永刚永远记得那一天：1979年的春天，村支书来到他家，一字一句地宣读了党的十一届三中全会之后做出的取消家庭成分的决定。他的父亲老泪纵横："今后，我的儿子和别人的孩子一样啦！"

△ 方永刚（后排左二）在老家和父母、兄弟合影。

1981 年高考，方永刚的历史和地理考了全县第一，方家开始红火起来。

"永刚的名字上了县上的广播和县志。"萝卜沟乡此前只有两人考到北京和呼和浩特，从未去过上海。那阵子，村里人爱议论："复旦，是不是孵小鸡的孵蛋？"

多年以后，方永刚多次告诉儿子方舟，他能考上复旦大学，最主要原因不是自己聪明努力，而是党中央的拨乱反正。

党的十一届三中全会以后，是党的政策让这个"富农"子弟有了上大学的机会，从而改变了他的整个人生轨迹。每次提起这事，方永刚都会发自肺腑地说："我们全家人十分感谢党。是党的好理论好政策改变了我以及整个家庭的命运。我到复旦大学报到那天，父亲送我去车站的路上还不断叮嘱我，这辈子不要忘了共产党，不要忘了邓小平。"

大学生活的历练

抱一床薄被进复旦

★★★★★

党的十一届三中全会以后，是党的政策让方永刚有了上大学的机会，他的命运由此发生了根本性的改变。

1981 年，方永刚以 591 的高分考取上海复旦大学历史系。当时，整个小山村沸腾了。乡亲们奔走相告，县广播站还向全县城乡播送了这一喜讯。去学校的那天清晨，全村的乡亲都到村口相送，这个往他包里塞 2 元，那个往他包里塞 3 元，那些钱都是一角两角的毛票。知恩图报的方永刚说："我这个大学不仅仅是给自己上的，我还是替全村的父老乡亲们上的。"

来到复旦大学，就像高尔基的三部曲《童年》、《在人间》完结后，方永刚的人生翻开了《我的大学》全新的一页。

到复旦大学报到时，家境贫寒的方永刚只带了一床单薄的旧被褥。这简陋的行囊让接站的老师同学们都很惊异。接站的老师疑惑地问他："你的行李呢？怎么连只箱子都没有？"后来，方永刚作为笑话说，他从小没穿过秋衣秋裤，上了大学后才知道，原来穿棉袄棉裤里面还得穿秋衣秋裤。

在大学里，方永刚平生第一次看到那么多的书籍，感觉自己掉进了知识的海洋。学校给他救济被，给他救济钱，给他甲等助学金，每个月23.5元，使他安心读书。这一切让方永刚极其感激，也让他可以全身心地把时间精力投入到学习上。

"学校发给我救济被和每个月23.5元的甲等助学金。我知道，是国家供我念的书，我应把一切时间都用在学习上。第一个寒假我没有回家，一方面是太穷了没有路费，另一方面是为了看书。"在复旦大学寂寥清静的宿舍和阅览室里，留下了方永刚苦读的身影。复旦校友刘季平至今还记得方永刚当年苦读时的身影："当时我们住的6号楼，寝室里每天晚上10点30分准时熄灯。熄灯后，总能看到他捧着书本，就着走廊昏暗的灯光在读书。"

上大学后，方永刚和同学们一比，感觉到了自己的短处。晚上同学们在宿舍里谈西方哲学、中国哲学、中国古代文化，方永刚听不懂，只能把头缩进被窝当听众。他暗暗发誓："等着瞧，我一定会超过你们的！"

为了迎头赶上，第一个学期，方永刚在完成课程学习的同时，利用课余时间读了84本中国名著，以丰富自己的中国文学知识。当时有个同学向班主任汇报说："方永刚拼命读小说，不知想干吗。"老师还误认为方永刚是不务正业，狠狠批评了他。大一下半学期开始，方永刚像饿汉遇到面包，"恶补"了西方文学、中国哲学史和西方哲学史等知识。

到大三时，经历了这一番"恶补"的方永刚，已经可以和班里任何一个同学探讨东西方思想史方面的问题了。记得1981年，他高中毕业考上复旦大学历史系，住在学校6号宿舍楼的227室，而当时的新闻系辅导员，如今已是复旦大学党委书记的秦绍德教授宿舍与之相隔只有5个门洞。回忆起当年复旦的"辩论"文化，与方永刚相识或不相识的人都记得，那时"总有个人一手插在裤子口袋里，一手指向前方，说话嗓音洪亮，到激动时还扭动一下脖子，如此姿势被人冠以'列宁式'的雅号"，这个人就是方永刚。

在解放军总医院接受治疗时，方永刚的两个大学同学专门从上海飞到北京去看他，回忆起那个"激情燃烧的岁月"，大家都有着说不完的话。

方永刚见了老同学又高兴又感慨："你看吧，我那个行李卷还是我家最好的家当，旧羊毛毡是奶奶去世留下的，花棉被是家里最好的棉絮，'洋枕头'还是新过门的二嫂缝制的。"

复旦的饭菜也被怀念了一番。病床上的方永刚舔舔嘴唇说："那阵子觉得啥都好吃，东坡肉、粉蒸肉，还有排骨才两毛一，卤猪头肉，才一毛五一碗。"

那年，复旦不仅给方永刚发了23.5元的甲等助学金，还给他发了一床棉被和30元钱，买蚊帐和过冬的衣服。而当时上海的工人平均工资是28元。

"所以啊，1984年国庆大游行，看电视，看到'小平您好'，我比谁都激动！"一提及复旦大学，方永刚就滔滔不绝："我魂牵梦绕的母校，提供了任我遨游的知识海洋，那么多书啊，仅历史资料室就有那么多珍本、善本、绝版，我一头扎进去就什么都不管了。因为与上海的同学一接触，就发现自己孤陋寡闻，所以发奋读书，两年读下来，到第三年才敢堂堂正正地站在上海同学那些'铁嘴'面前跟他们辩论。"

事实上，在这期间，他认真通读了马恩四卷、列宁四卷、毛泽东四卷。一般的同学对理论不感兴趣，但方永刚非常喜欢理论。在方永刚看来，是共产党改变了国家的命运，改变了自己的命运。是党的改革开放好政策，让自己有机会考上复旦大学历史系。他经常对人说："我是党的创新理论与实践的直接受益者，我对党有着发自内心的深厚感情。"

带着这种朴素的情感，方永刚开始了理性的探索。

方永刚思考着：从 1840 年以后，中国积贫积弱，为什么西方资本主义传进来，没有救中国？为什么中国洋务运动，想从物质方面、产业方面去改变中国的命运，没有成功；戊戌变法、辛亥革命想从制度方面改变中国的命运，没有成功；马克思主义传入中国后，中国共产党从思想理论层面、文化层面改变了中国的命运？

方永刚探索着：中国共产党挽救了中国，为什么又发生了文化大革命那样的事情？邓小平同志复出以后，党的十一届三中全会拨乱反正，带领中国人民走上改革开放之路，陷入十年浩劫的中国不仅没有垮掉，还使人民的生活越过越好，这个问题说明了什么……

翻开方永刚用了20多年的1983年版《邓小平文选》，书的四周已经被磨破，厚厚的封面上手指抓握的地方就快被磨穿，书中空白处密密麻麻的手写学习体会也已褪色……

一种理论，当你学透的时候，它就会内化为你的血肉，升华为你的灵魂。

在理性的思考和探索之后，方永刚主攻方向选择了中国近现代思想史。

➙ 空白的考研试卷

★★★★★

出于对近现代思想史的偏爱，方永刚曾经想继续进行该领域的学习。本科毕业时，他踏入了研究生考试的考场。

不过，考研那天，方永刚进了考场在卷子上写上自己名字后，就走出了考场。老师问他为什么放弃不考了，方永刚说他现在的第一要务，不是自己的发展问题，而是父母兄弟的生存问题。"我全家为我上大学费了九牛二虎之力，我父母累垮了，我的兄弟们为我上大学，到矿山上去为人家打工，非常辛苦……我的弟弟也在念书，我不能为了自己不管别人。"

方永刚不想再背负着这样的感情债去继续求学，大学毕业的他，觉得应该反哺家庭、反哺社会了。就这样，在经过了痛苦的抉择之后，他毅然决然地选择了毕业。

方永刚说，他有点像《阿甘正传》中的主人公阿甘。他说，论聪明、论机灵劲儿，阿甘比他身边的那些人差远了，但是阿甘最后成功了。而且周围的人还那么喜欢他，为什么呢？因为阿甘在打仗的时候，是不长心眼的，勇往直前，非常勇敢，救战友，奋不顾身。战争结束以后回家，打乒乓球，他就什么也不想，一门心思打乒乓球，那么精彩。乒乓球打够了，沿着东西海岸跑步，一跑就傻傻地跑了好几年，全美国人都知道阿甘在那儿跑步。跑完之后，不跑了，美国总统肯尼迪在白宫接见他，有汽水，那我就喝个够，一下子喝了30多瓶，然后总统跟他讲话，他在那儿打嗝，觉得自己打嗝之后非常舒服，他要的就是自己的那种舒服，然后总统说你负没负过伤？他说负过伤，把裤子一下子就退下去了，屁股都露出来了。

大学期间，方永刚是忠实的"甘迷"。他认为，阿甘之所以想做什么都做得成功，是因为阿甘抓住了矛盾的主要方面，要做就全神贯注地去做，不在乎别人说什么，所以他成功了。

他曾在接受中央电视台《面对面》栏目主持人王志采访时，道出了隐藏在自己心里多年的"阿甘情结"。他说，阿甘符合中国传统文化所说的木讷，虽说有点傻，但他讷于言，敏于行。以至后来有人问他，当年报考研究生既然不准备考试，为什么还要进考场？方永刚回答得也很简练：想见识一下考场，体验一下考试的那种心情，仅此而已。

自那次之后，方永刚再次走进研究生考场已经是15年后了，1999年至2005年他相继攻读了大连舰艇学院的硕士学位和国防大学的博士学位。2007年4月10日，方永刚的母校上海复旦大学给他颁发了一枚"校长奖章"。这枚"校长奖章"是复旦大学每年度一次，限发一人一枚的奖章，是复旦大学给予该校优秀毕业生的最高荣誉。

　　虽然在大学毕业后没有选择继续深造，但是在上世纪 80 年代，拥有名校本科学历的方永刚仍然可以很轻松地选择一个工资待遇丰厚的工作。然而，方永刚却做了一个让旁人难以理解的选择，投笔从戎，进入海军做一名普遍的政治教员。

在真理路上奔跑

→ "我热爱邓小平!"

★★★★★

1985 年，当方永刚参军入伍的光荣证被送到家里的时候，家里人都流下了激动的泪水——他们从未想到过方永刚不仅上了大学，而且还能够参军，成为一名共和国的军人。

方永刚的父亲母亲都特别地高兴。有人来贺喜，裹了小脚的母亲就颠颠地跑进屋拿出大红色的"军属证"，喜滋滋地说：我们家也是军属了！那一刻，方永刚突然意识到：他已经不再仅仅属于自己，他属于国家，属于军队，属于这个大家庭。

提及携笔从戎的事，方永刚说他毕业选择工作时，可以选择的余地很多。当时，母校复旦大学要留他，北京有单位要他，辽宁大学、辽宁省文史馆都想要他。而他之所以选择从军，既有物质的原因，更有精神的原因。方永刚坦率地说，当时部队的工资比较高，比地方高 20%，而这对于缓解家庭的经济困难将非常有用，为了能让家里人过得好一点的朴素情怀和责任意识，是促进他放弃读研而携笔从戎的原始动力；当时部队现代化建设正急需大量高学历人才，到部队后可以更好地实现自己报国理想，则是他内心深处理性思考之后的根本原因。对他的这一选择，当时他的很多老师和同学都不理解。因为那一年东北就俩人考上复旦大学历史系，作为"天之骄子"的他，是很多单位争抢着要的"香饽饽"。

如果说，方永刚最初热爱党的创新理论，仅仅源自于一种感恩之情，那么随着学习的深入以及生活经历的丰富，他的热爱由感性渐渐升华为理性，党的创新理论的科学性和真理性深深地征服了这颗跃动的心。尤其是伴随着农村实行家庭联产承包责任制、城市启动经济体制改革，党的十一届三中全会后的短短几年间，全国城乡发生了很大的变化，人们的精神面貌焕然一新。

一种理论为什么会产生如此大的力量，给一个国家带来翻天覆地的变化？方永刚在《邓小平文选》中寻求着答案……

1985年7月，方永刚到部队才两个月，海军政治学院（大连舰艇学院政治系前身）领导就把他送到了老铁山顶上的一个连队当兵锻炼。半年的当兵生活，使方永刚真正完成了由民到兵的转变，意志品质得到了锤炼。

这时候，他越来越坚定了自己的人生奋斗目标：学理论、研究理论、传播理论，做党的创新理论的"播种机"。

1988年10月，经过多次申请，学院领导被方永刚的真诚所感动，破例把学党史的他从党史教研室调到了中国特色社会主义理论教研室。

"我热爱邓小平！"方永刚只说了一个理由。

面对这个血气方刚的年轻人，时任中国特色社会主义理论教研室主任崔常发、副主任徐明善等人既高兴又心里没底。高兴的是，居然有年轻人自愿加入这个"冷门"的理论研究阵营；心里没底的是，理论研究枯燥而深奥，这个毛头小伙子行吗？能坐得住吗？

聪颖的方永刚看出了他们的心思。面对老教授们怀疑的目光，他恳切地说："我能走到今天，所有一切都是党给的，这个时代给的。我要把自己的一生献给党的理论研究与教育事业！"说着，方永刚递上了一本《邓小平文选》。教授们惊讶地发现，这本出版才两年的《邓小平文选》（三卷），经

△ 徐明善教授说，永刚对书的热爱，特别是对理论书籍的热爱，可能算是他的最爱了！

他无数次翻阅卷了角，内文被画上一道道杠杠，空白处密密麻麻地写满了心得体会。

一番话，一本书，让教授们下定了把方永刚收到麾下的决心。从此，一群"老学究"中间多了个活力盎然的年轻人。

机遇总是垂青那些有准备的人。不久，方永刚幸运地加入了教研室《邓小平社会主义理论研究》一书编写组。带着一种感恩之情和激情，方永刚连续挑灯夜战，全身心投入到书稿的编写过程中。1990年该书出版并获得了第五届国家图书奖。这是他平生第一次系统参与研究邓小平理论，他撰写的章节，教授们评价很有深度，写得很好。就这一个章节，更加坚定了方永刚的信心，让他无怨无悔地走上了党的创新理论研究的道路。

学习没有终点，实践没有尽头，党的理论创新也没有止境。1992年以后，邓小平南巡讲话、江泽民"三个代表"重要思想等一系列新理论的提出，不断拨开方永刚心头的许多理论迷雾，让他看到了中国特色社会主义事业具有非常广阔的前途，也让他感觉到了党的理论创新成果的巨大魅力。

2002 年，方永刚与崔常发、徐明善一起，共同撰写了由国防大学主编的"三个代表"重要思想研究丛书《中国共产党八十年奋斗与结论》，在理论界第一次用"三个代表"来解析党史。以中国历史和党史知识见长的他，用打土豪、分田地、推翻"三座大山"、探索社会主义建设道路等大量生动的事实，解析出中国共产党自成立之日起，其行为本质就是在自觉践行"三个代表"，而且毛泽东、邓小平就是最好的"三个代表"的践行者。书中的观点对帮助人们更好地理解"三个代表"重要思想发挥了非常重要的作用。该书获得全军首届军队政治理论研究成果一等奖。

同年，由方永刚根据自己的硕士毕业论文直接策划的课题《江泽民中国特色社会主义理论创新研究》，成功申报国家社科基金项目。经过艰苦写作，这部 40 万字的著作与《江泽民文选》（三卷）同时出版，引起很大反响，成为社会各界学习《江泽民文选》最及时的辅导教材。国内研究科学社会主义的泰斗赵曜老先生，专门在《光明日报》发表评论文章。

方永刚 29 岁入党，37 岁读硕士，43 岁拿博士学位。在教研室主任徐明善的眼里，他是个不折不扣的"拼命三郎"。20 多年来，方永刚参与主编《邓小平社会主义理论研究》、《大国逐鹿——新地缘政治》等 16 部专著，发表论文 100 多篇，5 年承担国家和军队重点理论课题 7 项，6 年累计完成 1000 多课时教学任务，年均超额完成 200% 的教学工作。

→ 他的课为什么大家喜欢听

★★★★★

1986 年，学院选派一名资深教员到外地讲课。就在开课的前两天，这名教员突然因视网膜脱落住进了医院。出于对新任教员的考验，学院决定由刚分来不久的方永刚接替完成。这对从未登过讲台的方永刚来说，无异于泰山压顶！但方永刚没有推辞，他始终坚信：别人能做到的事，自己通过努力也一定要做到，而且还要比别人做得更好！他连夜加班查阅资料、赶写讲稿，并按规定时间抵达部队授课。就这样，方永刚给这个大队的 124 名官兵连续讲了80 多个课时，受到官兵的普遍欢迎。大家一致反映：别看方教员年轻，他的讲课功底绝不亚于经验丰富的老教员，讲历史像说评书一样动听。

教学步入正轨之后，方永刚从讲历史开始，讲科学社会主义，讲国际关系，讲国际共产主义运动，讲社会主义思想史，讲课的视野越来越开阔。而在这过程中，方永刚本人也付出了艰苦的努力。

在方永刚看来，学生课堂上打瞌睡，是教师的耻辱。而对于理论课教员来说，让学生课堂上不打瞌睡，则需要下很大的功夫。

▷ 这通往教学楼的台阶，春去秋来，方永刚在季节变换中走了多少遍，学员们记不清，但他忠诚、献身于使命的精神，始终激励着学员们攀登学业高峰的斗志。

"我就是对一千人讲课，有没有话筒都不重要。"方永刚说，他爱党的创新理论，更爱他的听众。

确实如此。方永刚思想活跃，敢于触碰敏感社会问题。正因为如此，他的课受到广泛欢迎。当时，一名院领导事先不打招呼去听方永刚讲课。一节课听下来，这位领导笑了："方永刚讲课，是真正把理论吃透了、讲活了，他是一个'随心所欲不逾矩'的人。这'心'，就是对党的理论的信仰；这'矩'就是实事求是！"

1998 年 6 月，方永刚来到黑龙江漠河，给我国最北端的边防连队讲课。尽管地处偏远，信息闭塞，但官兵们对国内外大事十分关注。由于没有系统的知识体系，官兵们对很多国家大事"雾里看花"，不了解来龙去脉。比如，面对某些国家霸权主义威胁，我国并没有采取强硬的外交政策，一些官兵认为："国家外交政策偏软，反正仗打不起来，我们边防军人还搞什么战斗精神教育？"针对官兵的思想实际，方永刚从黑龙江的历史开始，讲起了中国的周边环境以及党和国家的外交政策。他告诉官兵，当前我国的国际战略，就是要通过开展大国外交，营造良好的周边关系，抓住时机加快发展，只有经济发展了，综合国力上升了，军队实力增强了，才能真正地挺直腰杆，否则，落后就要挨打。两个多小时的讲课，使官兵们有豁然开朗之感。理通了，他们戍守边疆的信心也大大增强。

大连舰艇学院学员王铮说，在新生入学时，方教授给他们上了一节时事教育课。方永刚对周边海域形势的分析，使大家既愤慨又沉重。

"方教授说，每一名海军战士，都关系着万里海疆的安全；而每一寸海疆，又关系到所有中国人的命运。

△ 方永刚在讲课

△ 2006年4月，方永刚在旅顺保障基地就如何履行新世纪新阶段我军历史使命话题，与舰艇部队官兵进行交流。（张文西 摄）

这一段话，立即把我们的使命具体化了。"

2006年3月20日，海军首期基层政工培训班在大连舰院开课。一年之内对近2000名海军基层政工干部轮训一遍，这成为海军年度政治工作的一件大事，海军、海政首长高度重视。由谁来讲第一课，让组织者颇费思量。经过慎重考虑，重任落在了方永刚的肩上。他兴奋得睡不着觉，从接到任务的那一刻起，便像打仗一样开始了备战。数易讲稿，6次试讲，有着20多年教学经验的方永刚仍不满意，他又向同事、岳父、妻子，甚至上高中的儿子10多次征求意见，反复推敲每一个字句。

讲课当天早晨4点，方永刚被自己设定的闹钟叫醒。他习惯性地上网搜索了一下最新的时事资料，补充到讲稿中。课堂上，面对着台下400多名海军基层政工干部渴望的目光，方永刚结合海军部队实际，联系国内国际形势，回答了"胡主席为什么现在提出新世纪新阶段我军历史使命"、"如何科学理解我军新使命"、"新使命对基层政工干部提出了哪些新要求"、"如何在海军基层建设中贯彻落实新使命"等问题。看似枯燥的理论被他讲得妙趣横生，学员心头的谜团被一层层剥开！

这样的讲课，对方永刚来说，只是一种常态。有人做过统计，多年来，方永刚年均超额完成 200% 的教学工作量，教学质量连年被学院评为 A 级，他讲的政治理论课，已成为大连舰院最受学员欢迎的主干课程之一。

对于事业，方永刚是一个充满激情的人，他也常常用这种激情感染着身边的人。无论是千人大课还是十几人的小课，甚至给研究生一个人上课，哪怕五分钟的课，他也依然是激情澎湃，用他的话说："我一站到讲台上见到学生就兴奋，我喜欢大家发自肺腑的掌声。"

这兴奋，来自于自信和激情，更来自于使命和责任。

"我是一名政治理论教员，我对我讲的创新理论深信不疑。"这是方永刚经常挂在嘴边的话。方永刚走上政治理论课讲台时，国际上发生了苏联解体、东欧剧变，中国特色社会主义正处于艰难探索阶段，国民正处在一个信仰危机的时期。方永刚这时候对邓小平建设中国特色社会主义理论的研究劲头更大了。他像一头不知疲倦的耕牛，在科学理论的责任田上耕耘着，连续撰写了《试论民主社会主义对现实社会主义国家执政党的危害》、《简论冷战后亚太地区安全形势的几个特征》、《论邓小平的发展时机思想》、《试论邓小平的国家利益观》等论文，不仅在报刊发表，而且向学员广为传播，澄清了一部分人对党、对国家前途命运的错误认识，坚定了他们的信念。

头脑的清醒来源于信仰的坚定。从风华正茂到不惑之年，方永刚从没有对党的事业产生过任何怀疑，从没有对社会现实问题发过半句牢骚。在"四个多样化"的社会现实面前，方永刚更是意志坚定："我就是马克思主义、共产党的忠实追随者！"

在长山要塞的辅导课，是方永刚教学以来讲授得最晚的一堂课。当他赶到驻地下船时已经很累了，可看到战士们那么多渴求的双眼，他愣是咬牙坚持从晚上9点一直讲到深夜11点半，由于其中许多精彩的时政内容，一些干部家属抱着孩子站在走廊里听完了讲课，没有一个人提前离开。他用"三个代表"诠释党的发展历程，说中国特色社会主义是一部大文章，几代共产党人都在这部巨作中写出了自己的段落，并付出了巨大的牺牲……当他讲到毛泽东一家为中国革命牺牲了5位亲人、又把长子岸英送上朝鲜战场，邓小平一生"三落三起"还始终为中国人民能过上好日子殚精竭虑时，现场有一位80多岁的老红军失声痛哭，这堂课把他心里的死结解开了。等大家情绪恢复过来，方永刚接着说："老同志出生入死打江山，你们最关心的，莫过于子孙后代能不能保持党的先进性。今天我们党把'三个代表'写在旗帜上，就是要确保老一代开创的事业千秋万代传递下去！"

△ 方永刚讲课对象不分老幼，同样认真，且激情洋溢。

△ 看着导师在作业上密密麻麻的批注，学员们说："导师治学之严，给我们留下的印象最深。"

2000年4月初，方永刚到北海舰队某基地讲军人使命与战斗精神。由于讲得精彩而又实在，驻地部队接二连三地请他，连值班战士都想找人替岗去听。一传十、十传百，地方的一些单位也知道了他的课讲得好，市检察院、公安局等都请他去讲课。对此，他从不拒绝。上午讲、下午讲，不到一周时间，他竟连续讲了15场。"方永刚那神奇般的授课魅力源于火一样的真情投入。"一位检察官这样评价方永刚。

在解放军210医院住院期间，方永刚给一位上了岁数的病友讲国际形势，听得病友着了迷，要出院了还跟老伴商量："再多住两天吧，方教授讲的课我还没听够呢！"

"如果说我的讲课受到群众欢迎，根本原因不是我讲得好，而是党的创新理论深入人心，是真理的力量产生的无穷魅力，才能感染人、教育人。"面对别人的称赞，方永刚有着清醒的认识。

方永刚的研究生肖晓平，非常佩服导师调研的认真劲头。

"很多调查数据，大家往往会估摸个数字，自认为八九不离十，就做了论证基础。但方教授不这样，他是一份一份问卷统计出来的。"

方永刚多次叮嘱自己的学生："做不做实事，效果是完全不一样的。"

方永刚的同事王春荣认为，正因为方永刚的调研工作非常扎实，所以在讲课时才能做到有的放矢，大家才会爱听。

方永刚的高中同桌李友说，方永刚中学时便以敢言著称，"同学都很服他"。

李友在沈阳军区某部任职。2003年，方永刚被沈阳军区联勤部聘为客座教授。当时，军中流传一种"以劣胜优"的提法，以劣势装备应付高科技敌人。但方永刚的一次讲课，却让大家眼界顿开。

方永刚一上台便说，现代战争中不可能存在"以劣胜优"，我们要从党的军事理论体系中寻求答案，集中优势兵力打击敌人，应该是"积劣胜优"。

李友回忆说，方永刚批评"以劣胜优"，使他为老同学感到忐忑，但后来跟听课的领导同志一交流，发现大家都认为他讲得好。

"我讲课，从来没人打盹。"方永刚深为自豪。

"孔子说，人无信而不立。我喜欢把这个'信'理解为信念。人只要有信念，便能成功。人们都说我课讲得好，还不如说我对党的创新理论的信仰坚如磐石。"

2007年初，当有记者采访方永刚的博士生导师黄金声时，这位花甲老人心疼地说："每当党的创新理论一出来，他总是最先讲，备课干通宵是常有的事，家属院数他家的灯熄得最晚。他现在病倒了，我心如刀绞。我已经62岁了，我要是能替他生这场病该多好，他正是干事的好时候啊！"

→ 怎样让政治理论课不枯燥

★★★★★

方永刚的老领导徐明善说："政治理论课因为抽象概括，所以很容易显得枯燥。但方永刚却能把枯燥的理论讲得生动活泼，讲得有血有肉。"

给城市职工讲贫困地区农村经济的脆弱性，他讲了一头驴的故事："我们老家农村有一家人有头母驴，一年下了一头骡子，这个骡子卖 800 元钱，这家人一年的日子就好过了。这家人就想，要是驴每年都下一头骡子，说不定还致富了呢。可是，第二年这头驴得病死了，这家人为了救驴花了不少钱，今后想要再养驴还得花钱，所以啊，这头驴又让这家人返贫了……"

给中小学生讲鸦片战争，他这样说："英国人来中国卖刀子叉子，中国大门关得'噔噔'的，英国就贩毒卖鸦片，结果又被林则徐在虎门一把火烧了。英国人赔惨了，照着中国大门'咚咚'开了几炮。道光皇帝还纳闷呢，这是谁打我呢？趴在炮台一看，哎哟，来了一群黄头发蓝眼睛的人……"

△ 在学员心目中，让导师引以自豪的是这身海蓝色的戎装。方教授热爱他从事的职业，更热爱他的军旅生涯。

给农村群众讲"经济全球化"，他这样说："我们加入人家的经济俱乐部，就像跟人家打牌，必须得按照人家的规则出牌，底牌怎么扣、干不干'锅'、扣'大鬼'算多少分，都是人家说了算，不跟你讨论。所以，经济全球化是'双刃剑'，发展中有机遇，也有陷阱……"

说起方永刚的授课艺术，沈阳军区联勤部政治部主任隗学军感慨不已："精彩的文艺演出，演员有返场谢幕的；讲政治理论课，教员返场的谁见过？方永刚就能做到！"

"党的创新理论本身就是和群众生活息息相关的朴实道理，如果一番'解读'反而让听众觉得'陌生'了，就背离了传播的目的。"说到这里，方永刚对自己的角色有一个颇具新意的定位，"我要当一个群众喜欢的'政治翻译'。"

所谓"政治翻译"，在方永刚看来就是一种"让人听懂理论"的工作。自己出身于农村,保持着群众喜欢的"草根语言"风格,但要把理论的精髓用生动通俗形象的语言表达出来,还需要经过长期的摸索、锻炼。

为此,方永刚孜孜以求。第一次给群众讲构建社会主义和谐社会,方永刚在家里搞了一次试讲,让当幼儿园老师的妻子坐在他对面扮演"听众",修改之后,他又把研究中国语言文学的岳父请来"试听"。

"方教授讲党的理论,俺农民们都听得懂。"在大连市旅顺口区台山西村,有身体行动不便的老人为了听他的宣讲,非要让家人抬着到会场。

"我本来就是农民出身,当然会说咱农家的话了。"在宣传"三个代表"的会场上,方永刚告诉台下的数千农民:"'三个代表'就包括代表着咱农民的利益!"

台下顿时掌声雷动。

随着名气越来越大,方永刚先后被聘为辽宁省国防教育讲师团成员、沈阳军区联勤部客座教授、大连市讲师团成员等。尽管人越来越忙,但他始终坚持一条原则:只要老百姓想听的课,就一定要去,不但要讲,而且要讲好。当然,他也有一个特殊要求:除了一杯水解渴,一条白毛巾擦汗外,还必须知道台下人们的文化层次和职业。

60多岁的大连市旅顺口区台山西村农民肖淑琴,回忆起3年前方永刚所做的关于社会主义新农村建设的报告,至今念念不忘。她这样形容方永刚:"那知识面宽哪,摸都摸不到边;那口才好啊,俺念都念不下来!"

那场报告,方永刚没用讲稿,但他把"三农"政策用老百姓的话向他们"交了底",并对乡镇干部说,农民致富不是喊出来的,作为领导干部,要扶持群众,为群众致富搭桥。让村民们没想到的是,方教授所举的例子,竟然就是他们邻近的"全国巾帼文明示范村"——王家村。他用王家村发展乡镇企业安排百姓就业的事例,去开导乡镇干部因地制宜,支持百姓贷款发展蔬菜农业。

现场有一位老党员听课后,非要与方永刚说几句话:"孩子啊,你讲的

△ 大连市妇联领导向方永刚颁发"妇女讲坛"聘书。

都是咱老百姓想知道的，你讲了这半天，我这一辈子的事儿都明白了！"

2005年2月22日，大连市开发区开展共产党员先进性教育活动，邀请方永刚去做宣讲报告。报告会上，一位听众向他直言相问："党内腐败现象挺严重，你难道没有别的什么想法吗？"方永刚认真地对这个听众说："我有两点想法。第一点，我们党内是有腐败现象，但主流是好的，是向前进的，惩治腐败决心是大的，你没看到一个个搞腐败的高官都落马了吗？第二点，没有党、没有改革开放好政策，我现在可能还没饭吃，更不可能上大学、不可能当兵，今天也不可能在这里做报告。将心比心，咱们能嘴里吃着共产党的面包，还去感恩别的什么人吗！"这个同志听完，咂咂嘴说："还真是这个理！"

2005年12月份，天寒地冻。大连旅顺口铁山镇开展党员冬训活动，请方永刚来做一场建设和谐社会的报告。当地老百姓听说是方教授来做报告，一下子自发来了1000多人，挤满了整个区礼堂。礼堂没有暖气，长达3个多小时的报告中，方永刚从婆媳关系讲到邻里关系，从计划生育讲到村民宅基地，从乡规民俗讲到村民自治，听得老百姓直喊"过瘾"。主持人怕方永刚饿了，提醒方永刚该吃饭了。现场一位大妈显然会错了意，冲方永刚叫起来："教授，别听主持人瞎掰。俺不饿，你接着讲！"铁山镇妇女主任张树华说："方永刚教授就是一部播种机啊，把党的创新理论的种子播在了老百姓的心坎里！"

2006年8月，辽宁省监狱人民警察大连训练基地邀请方永刚去讲如何构建和谐社会。这是一个很难讲的题目，讲浅了，达不到教育目的；讲深了，别人听不懂。方永刚思考了很久。他说，什么是"和谐"？"和"是一个"禾"加一个"口"，就是要有饭吃，这是物质基础；"谐"是一个"言"加一个"皆"，就是人人都能自由地表达，这是精神追求。如果失去了这两样，我们的社会就不会和谐。作为人民警察，就是要保护老百姓有饭可吃，有话可说，做到这一点，我们就朝着和谐社会迈进了一大步。

掌声，响成一片，送给激情宣讲的方永刚。

群众想知道什么，他就讲什么；什么问题敏感，他就拿什么问题"开刀"；别人提问越尖锐，他讲得越起劲，这是方永刚讲课的风格。比如国家统一问题、中日关系问题、朝核问题、腐败问题等等，每一个都是"烫手山芋"，方永刚从来不回避，始终围绕主旋律，用党的创新理论、国家发展战略来解读这些问题，让群众感到很解渴。

一次，大连市白云书院邀请方永刚去做报告，题目是谈中日关系。当时正是中日关系处于最敏感时期，为了扩大影响，书院在《大连晚报》等媒体上做了大量宣传。讲课那天，两千多座位的礼堂里挤满了人，台下还有二三百名日本人拿着录音笔、摄像机准备记录。

报告会前，一些老干部担心，如果有个闪失，那可就成了"国际新闻"，娄子可就捅大了。方永刚成竹在胸，在两个多小时的报告中，他凭着自己丰富的知识积累，就钓鱼岛问题、东海石油问题、中日关系症结问题等，

△ 方永刚应邀为大连市国税局机关作"党员先进性教育"辅导报告。

从历史到现实，一一进行了精辟分析。尽管海阔天空，但就是不离国家内政外交的大政方针。普通百姓听了过瘾，老党员们听了放心，就连日本人也挑不出任何毛病。

还有一次在公交车上，他听到一位青年男子对党的政策发牢骚，对腐败等社会不良现象言辞激烈。方永刚听不下去了，他随即站起来，与那人展开了争辩。不料，对方脖子一梗，要与方永刚来粗的。方永刚不急不躁，他耐心地用身边的变化，讲解着党的政策，并打比方说："腐败就像是人体的一块毒瘤，不可能一刀割掉就会好了。那样的话不仅给人体造成伤害，甚至会影响社会的稳定和发展，所以只能采用'中药'来慢慢调理，将其消除。我们党除了通过舆论监督、人民群众的监督和民主党派的监督外，正在完善和进行党内监督，就是在用'中药'。党风政纪一定会好起来！"那名乘客对这番话佩服得五体投地，当场要了方永刚的电话。后来，他和方永刚成了好朋友，还邀请方永刚到他们单位去做报告。

大连市委宣传部一位负责人说，他们曾请过不少专家教授在该市宣讲党的创新理论，"方教授是最出效果的一位"。

曾多次聆听方永刚讲座的辽宁省本溪市委宣传部副部长王静利说，方教授讲课总能用大白话"翻译"抽象的政治理论，他讲课时从不照本宣科，站到讲台上就像机关枪一样"吧嗒吧嗒"地讲，声音洪亮，非常有激情。

方永刚之所以这么做，是因为他一想到当今社会上还存在"端起碗来吃肉，放下筷子骂娘"的现象，就会耐不住性子去说上几句。无论是在马路边、公交车上，还是在家里、课堂上，凡是听到别人对党的政策和一些社会现象表达不满时，他都会主动站出来，以党的创新理论成果亲历者和受益者的身份，耐心地做好解疑释惑工作，直到对方心悦诚服。

对家人，方永刚就更不"客气"了。十几年来，在大连舰艇学院政治系大院，每天晚上最后一个熄灯的几乎都是方永刚的家。妻子回天燕，有时真怀念住筒子楼的时光——一间屋里可以抬头不见低头见。分了团职房后，方永刚有了小书房，常常是回天燕一觉醒来，丈夫还在书房忙活。时间长了，方永刚敲键盘的声音就成了回天燕的催眠曲。

有一次，回天燕忍不住地对方永刚说："'三个代表'不就是我们老百姓的电表、水表、煤气表吗？有什么好研究的！再说了，社会变化那么快，提法很多，你哪忙得过来啊！"方永刚说："社会变化快是好事，但理论上是万变不离其宗，'三个代表'与马列主义、毛泽东思想、邓小平理论是一脉相承的，哪像你说的那么简单啊。天燕哪，亏你还是教授的老婆、幼儿园的老师！你再不好好看看书学习学习，以后你连幼儿园的小朋友都教不了了！"感到"伤了自尊"的回天燕跑回屋里睡觉去了，几天没搭理方永刚。

在方永刚身患癌症住院期间，焦急万分的回天燕在别人"指点"下求神拜佛。方永刚得知后一脸严肃地责备她："你这不是掉我的价吗？我是共产党员，我是政治理论教员，我不信这些东西，就信马克思主义！"

回天燕在接受记者采访谈起这些事时说，虽然一不留神就和丈夫"呛"

上，但丈夫对党、对事业的这股"忠诚"劲，让她感觉这是一个言行一致的"好男人"。

回天燕的好朋友、方永刚同学妻子马红也对方永刚佩服有加："方永刚是个求义不求利的真君子!"

马红是大连宏源证券股份有限公司的经理，公司长期处于逆境的状况让她一度心灰意冷，认为"这个世道没救了"。作为好友的方永刚，指出了她在企业管理上的盲目混乱，并透过对国际形势和国内经济发展趋势的科学判断，对国家宏观调控政策的正确解读，对证券市场进行了准确预测。马红心领神会，在股票处理上大胆判断，果断决策，同时加强公司的科学化管理，结果扭亏为盈，使企业在逆境中崛起，从连续五六年亏损走向每年盈利 580 万元。

这件事让马红看到了方永刚身上蕴含的巨大价值。她真诚邀请方永刚加入，但被方永刚婉言谢绝。

他不再是当年的方永刚了。

从 1998 年以来，方永刚作为辽宁省国防教育讲师团成员、沈阳军区联勤部客座教授、大连市讲师团成员，先后为部队和地方做辅导报告 1000 多场。从漠河边防连队到沈阳战区陆、海、空、武警部队，从高山、哨所、海岛，到军港、码头、机场，从工厂、社区、街道，到机关、企业、学校，整个东北三省都留下方永刚慷慨激昂、不知疲倦的身影。

每讲一次课，方永刚都会赢得热烈的掌声。他在传播中收获成功，收获幸福，也收获快乐。

➙ 困难之下终未转业

★★★★★

　　1995 年,对于至孝的方永刚来说,是一个
"坎"——"国"与"家"的选择。

　　上世纪 90 年代初期,方永刚在钻研邓小平理
论的同时,也被改革开放的大潮所吸引。他佩服和
感谢这给中国人民带来新出路的科学理论,当然也
不愿错过大好经济形势带来的赚钱机会。

　　那时,方永刚十分矛盾,他说:"大学毕业以后,
中国社会正处于逐渐从计划经济走向市场经济的时
期。可以说,经济的问题,对我产生了极大的冲击。
但同时,另一个重大问题的出现,也促使我冷静地
思考自己的职业。"

　　方永刚所说的"另一个重大问题",指的是东
欧剧变、苏联解体,国际共产主义运动陷入低潮。
有的人迷茫:中国能不能在西方和平演变和新的世
界格局中屹立不倒,中国人民能不能将改革开放的
伟大事业继续向前推进……一系列关乎国家前途命
运的重大理论和现实问题,历史地摆在了广大政治
理论工作者面前。

　　方永刚明白,苏东剧变,根本原因是精神支柱

△ 方永刚的妻子回天燕说："永刚博士毕业那天，特地让一家人在杨利伟塑像前留影以明心志。"

动摇。而党的理论是我们整个民族、国家和军队的指导思想、灵魂和精神支柱，作为党的理论工作者，怎能只顾家族的利益，不去捍卫党的理论！方永刚苦思许久，强烈的使命感，使他在"国"与"家"之间选择了前者。

"当时我感到在部队当教员看不到'钱途'，而要下海就很容易解决这方面的问题，于是我决定转业。"方永刚生前并不讳言当年的经历。

当年，他母亲去世，父亲年纪大了；他的兄弟姐妹在农村老家，生活困难，有一个哥哥还没娶上媳妇，都需要他帮助。

他提出转业的理由是"家庭困难"。沉重的经济负担，的确让他一时感到入不敷出，甚至一度背上了债务。

当时，也恰恰是市场经济大潮波澜乍起的时候。尤其是他在复旦大学的一些同学下海经商小有成就。而方永刚自认为颇有经商头脑，想投身商海一试身手。

事实上，隐藏在这种冲动背后的，还有他观察社会发展产生的忧虑——

一部分人先富起来，无疑是正确的。但是，社会上绝大多数人还不富裕，如果不采取措施，先富起来的人与大多数人的距离就会越拉越大，我们的社会基石就会动摇、倾斜……

解放思想，无疑是正确的。但是，他感到破与立应当统一。旧的思想体系被打破，新的价值观还没有形成，如果置之不理，全社会就会缺乏精神支柱，各种歪理邪说就会乘虚而入，人心就会浮动、涣散……

他迫切感到，这些问题应当研究。但是，自己是一名军队理论工作者，能探索研究这些问题吗？

当时，爱才心切的原院长徐莉莉先后4次找方永刚谈话，两个人的交谈坦诚又直率：

——“经济困难，是我的客观情况，但是我更担心在军队院校不能研究自己关注的问题。我干什么都很执着，研究问题一定要穷究到底。您告诉我，军队院校到底适合不适合我？”

——“课堂有纪律，探索无禁区。你应该坚信，忧国忧民是没有过错的，党的理论创新是不会间断的，军队院校对党的创新理论的研究也一定会走在社会的前列，一定会让你大显身手。你的事业心有多大，眼光就应当有多远！”

为了留住方永刚，徐莉莉推心置腹：“永刚，你说实话，暂时的困难是不是不能克服？要不，先在学院内部给你换一个有补助的岗位？”一股热浪从心底涌起，方永刚挺直腰板说：“院长，我想通了，哪也不去了，我还要我这张办公桌。我一定会让您看到，您没有看错我方永刚！”

从此，方永刚的面貌焕然一新。1996年，他获得了教学奖和科研奖，荣立三等功。1997年，他被评为优秀教员。1998年，他被评为青年教员成才标兵。

进入新世纪，蓬勃的社会主义市场经济浪潮冲破了城乡壁垒，方永刚的兄弟们纷纷通过进城务工摆脱了贫困，日子越过越红火。更让他欣慰的是，他当年所忧虑的问题，在党的理论创新和实践创新中一一得到了解答。缩小社会贫富差距，构建社会主义和谐社会；加强思想道德建设，建设社会主义核心价值体系……

方永刚的选择，是特定历史时期社会精神脉动的过程，正是因为有了这种选择才奠定了他对自己职业的坚定与执着。此后，他始终直面各种思潮和现实问题，用自己钻研党的创新理论所取得的成果和体会解难答疑。

那时期，他撰写的论文和专著向世界表明着他的思考轨迹：《亚太战略格局与中国海军》、《大国逐鹿——新地缘政治》、《论人民海军对外军事交往》、《西方国家对我进行意识形态渗透的特点及对策》、《"一国两制"与海军新使命》……

近年来，党中央提出了一系列重大战略思想，党的理论创新，又将迎来一个崭新的境界！他预感到，理论工作者大显身手的一个黄金时代就要到来。

回想当年的经历，方永刚曾自嘲地说："我曾一度认为，进复旦大学门走对了，进历史系走错了；进大连对了，进政治系错了。现在看来，这种结论不对，我的选择没有错。当教员虽然没有前呼后拥，但通过潜心研究、辛苦备课，同样能够赢得鲜花和掌声。"为此，他心驰神往，忘情地研究，尽情地宣讲。

1997 年夏天，已调任海军后勤部任政委的徐莉莉见到了方永刚。那天中午，方永刚来看她。两人一照面，她吓了一跳：只见方永刚汗流满面，脖子上戴着塑料护颈，手里还捧着一捆书。

"院长，我遭遇车祸了，刚出院，大难不死，还写了一本书，这次来北京取样书，送给您看看！"一边抹着汗，方永刚一边兴冲冲地说。

这本书，就是方永刚车祸后在病床上躺了108天写成的30万字的《亚太战略格局和中国海军》。方永刚向他的这位老领导汇报说："我搞科研入门了，也入迷了，现在手头上还有4个课题，我给您说说，您帮我把把关，看行不行？"说着，他就滔滔不绝地讲起来……

一转眼，又是10年过去了。10年来，徐莉莉获知很多让她欣慰的好消息：方永刚成了学院的青年教员标兵，荣立三等功，他的一篇篇论文、一部部专著不断问世，还先后拿到了硕士、博士学位，晋升副教授、教授……

2007年2月，一个不祥的消息传来：方永刚患了结肠癌。得知他转院来到北京治疗，徐莉莉急匆匆赶到医院看望他。一见老院长，方永刚的眼圈就红了："您对方永刚没有看错，只是我没有想到这个样子见您……不过您别担心，我再给您许个诺：春暖花开的时候，我一定战胜癌症，活蹦乱跳地站在您面前！"

在方永刚面前，徐莉莉强忍住眼泪。告别方永刚，钻进汽车里，她泪流满面……

我们采访徐莉莉时，她感慨地说："有人说，方永刚用自己的行动，兑现了当初对我的承诺。我却觉得，他是用言行一致的风范，展示了一名共产党员最宝贵的人格！"

笑对生活的无畏斗士

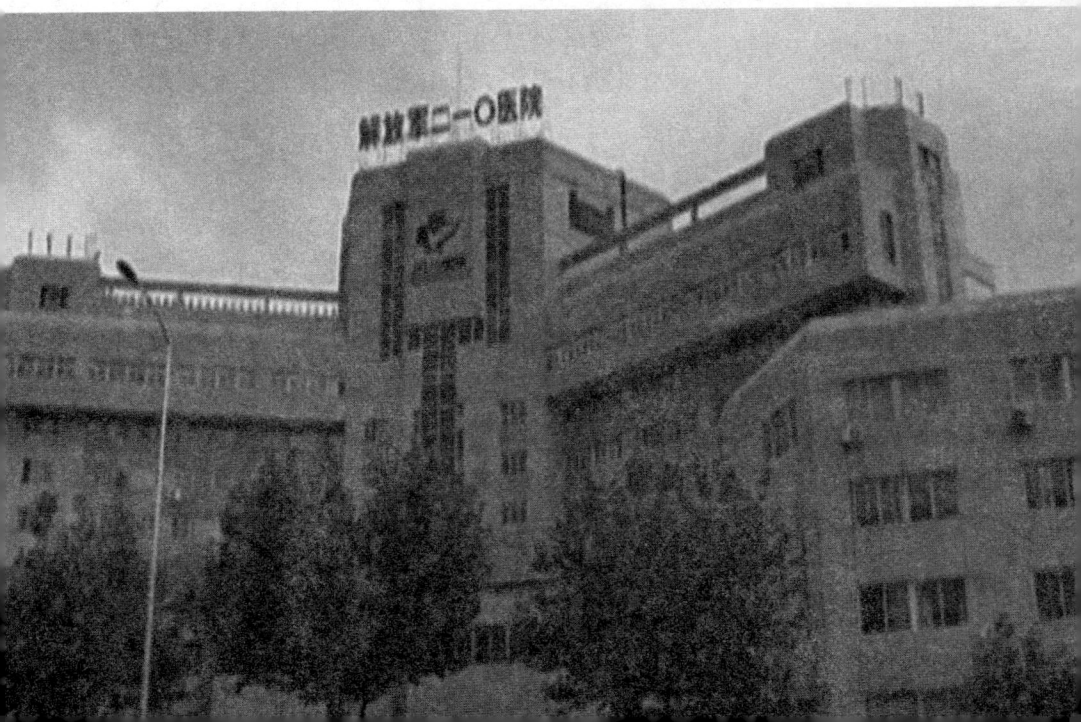

→ 晚期的晚期

★★★★★

方永刚的病是在 2006 年 11 月份被发现的。

徐明善还清楚地记得，11 月份的第一个星期四（11 月 2 日），那天早上，方永刚一大早就给他打电话，说肚子不好，不能上课了。

这一次，方永刚去医院想好好地检查一下，他先到大连舰艇学院政治系医疗所。所长王蕴强说，他发现方永刚的血常规异常，于是建议他去解放军 210 医院。

解放军 210 医院先给方永刚做了胃镜。11 月 6 日，检查的结果正常，方永刚给徐明善打电话说没什么问题，过两天就可以回去上课了。11 月 8 日，方永刚的肠镜检查结果出来了。

"11 月 9 日，又是星期四，又是一大早，方永刚的妻子回天燕给我来电话，电话接通了，我就听见她在哭。"徐明善说，回天燕告诉他方永刚得了结肠癌，还是晚期。

徐明善说："方永刚一直爱出汗，后来的脸色也不太好，我想他肯定哪儿有点毛病，但怎么也没有想到是癌症。"

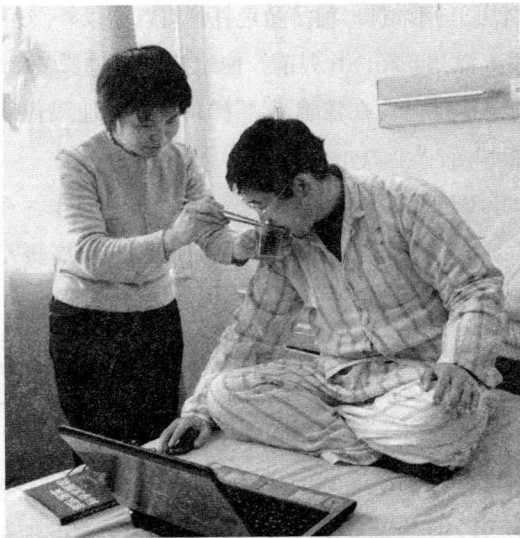

△ 方永刚的妻子回天燕"抱怨"说："病倒在床上，连吃饭时他也工作。"

接完回天燕的电话，徐明善在家里面也哭了。

接到回天燕电话的，还有方永刚的六弟方永强。方永强说："昨天，五哥电话中告诉他肠子烂了，要拉一截。"

"拉"是"割"的意思，听起来就像一把大锯子嘎吱嘎吱地来回拉。

方永强回应着："行啊，拉吧，拉了一截，缝上就行。"

在企业工作的方永强当天有事就没去医院。这个家庭的成员们对病痛灾难普遍都有些麻木和迟钝。

可第二天早上9点，方永强却接到了嫂子回天燕打来的电话，她哭着说："你晓得你哥是啥病吗? 检查出来了，结肠癌! 你快点来!"奔到医院，方永强在楼梯口遇到了回天燕，是专门来堵他的："医生说暂时不跟他说，你就装作是出来办事，顺道来的。"

方永强进病房，一看他哥，除了脸色苍白有点瘦以外，还照样活跃着呢，堆了一堆书在旁边看。正好一个月前，他给医院讲过"八荣八耻"的讲座，所以很多医生都认识他。现在住院了，照样兴致勃勃地跟管床医生讨论，"医患关系怎样才能和谐？"

手术前一天，麻醉医生张峰提前来沟通，方永刚才吞吞吐吐地问道："张医生，麻醉药用量能不能小一点……我还要用脑子搞研究……麻醉会不会……会不会把脑子弄迟钝了？"这是方永刚提出的请求。他没有听医生讲手术可能带来的生命危险，而是请医生能不能少弄点麻药，或者来个半麻？理由只有一个，他是政治理论教员，需要清醒的大脑才能完成工作。

11 月 17 日早晨 8 点半。手术已经半个小时。手术室的门突然开了。

主刀医生胡详急急地走出来，问："谁是方永刚的家属？"

胡详是解放军 210 医院专门从大连医学院附属医院请来的主刀医生，是大连有名的"胡一刀"。手术台上，腹腔一打开，癌细胞已经弥漫性扩散。

手术方案临时改变，家属同意冒险切除最严重部分。

10 点 40 分，切除标本端出来了。医生指着那上面密密麻麻小如米粒大如黄豆的白点说，这就是扩散的肿瘤。

医生奇怪的是："没见过拖得这么严重的，都晚期了，他怎么就不晓得痛？"

术中发现方永刚的病情相当严重，腹腔约有 4000 毫升腹水，相当于 8 瓶普通啤酒的重量，10×8 厘米的肿物与周围组织浸润。手术间医护人员见状，眼睛都湿润了！

癌症到了如此严重程度还坚持工作，医护人员鼻子发酸："真没碰到过这样的铁人！"

"方永刚的结肠癌是晚期中的晚期。"解放军 210 医院普外科主任高建军说，方永刚的癌症是最晚期的 D 级的晚期。

"癌细胞突破肠壁都是非常疼的，可见方永刚忍受了怎样的痛苦。"高建军说，他行医 20 多年，像方永刚这样危重的病人本来就不多见，像他

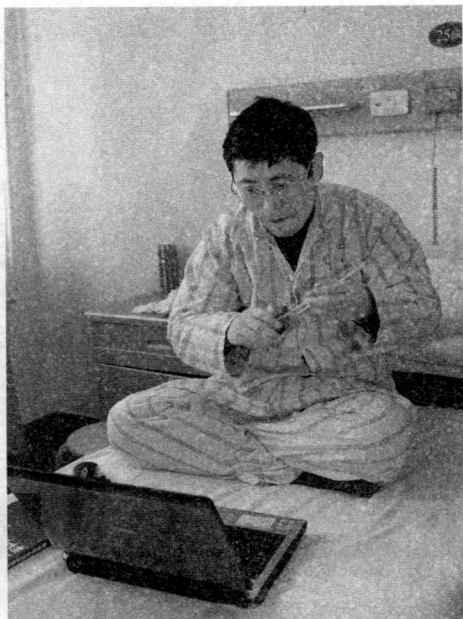

▷ 导师说，永刚住院后，每次去看他，都看到他仍在坚持学习、工作。真让人心疼！

一样还在岗位上工作的，更是头一回见到。

高建军说，手术结束以后，从方永刚身上切除下来的肿瘤和各种腹水的黏液重约 18 斤。方永刚的弟弟方永强看到这盆血肉的时候，上面还冒着热气，这让他全身都在颤抖。

"由于癌细胞已大面积扩散，手术并没有完全清除癌细胞，必须再进行化疗。"高建军说，当时，专家们根据病情判断，方永刚还有 6~8 个月的生命期。

一时间，认识方永刚的人无不惋惜，一个刚刚 43 岁的教授，如此年轻，事业正步入鼎盛，家庭幸福美满，难道一切都要失去了吗？

知道病情的方永刚并没有抱怨命运的不公，有的只是与病魔斗争的勇气和决心，是军人，就永不言弃。他

△ 乡亲们说："永刚是个很有责任心的人，无论是对工作还是对家庭。"

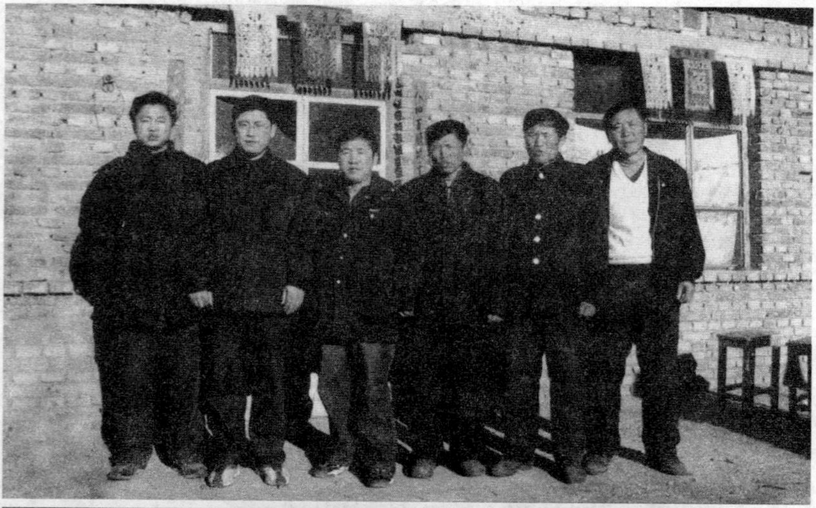

甚至开玩笑说："这个病也不是谁都能得的。"

面对死亡的威胁，方永刚仍泰然自若。在这没有硝烟的战场上，方永刚潇洒坦然，顽强抗争。

"病人怎么撑过来的，我一直想不通。"5个月后，曾参与会诊的解放军210医院干三科副主任马萍说。

从医近20年的马萍说，结肠癌患者往往腹泻、厌食，身体反应很强烈。更要命的，是频繁的肠道痉挛，"疼起来肝肠寸断"。

在方永刚被检查出患有癌症之前的日子，他一直坚守着自己的岗位。其实，他的身体早就出现了征兆。

方永刚的导师徐明善回忆说，2006年春节之后，方永刚就开始常常肚子痛，浑身不得劲。他一直以为是胃肠炎，痛了，就去政治系的医务室打两天吊针。

等到五六月份，教研室同事发现他脸色苍白，提醒他去检查，一贯大大咧咧的方永刚又摆摆手说："没事，我使劲儿锻炼，再打两瓶吊针就好了。"

那阵，大连舰院政治系确实课程排得很满。然后是暑假，但方永刚也没闲着，写了一本《党的创新理论专题研究》教材，还组织研究生编写74万字的《亲历长征》。等到再开学，他又被抽调去北京参加全军首届政治理论骨干研修班。

他的事业正冉冉上升。这些年他一直不停地学习，读了硕士读博士，还发了上百篇论文，写了十几部书。

他的才华在这个研修班里也很快显露出来。汇报会上，他作为学生代表发言。尽管那些天他又打了两天吊针，但他又熬了三个通宵，和人合写了6000字的《论长征精神的时代价值》，赶上10月的"纪念红军长征胜利70周年"发表。

△ 方永刚的老领导崔常发教授说："永刚从医院检查完回来后，就又走上讲台，他永远都是用坚强的毅力和负责的精神对待工作，对待教育岗位。"

10月30日，周一上课的时候，徐明善见到刚从北京回来的方永刚，吓了一跳。

人，瘦了整整一圈，连脖子上的筋都看得见。手掌伸出来一看，也是煞白的。大汗淋漓的方永刚自己感觉也不好，"浑身没劲儿，发软，这几节课讲完我得去查查"。

方永刚指导的硕士研究生肖小平也回忆说，在2006年八九月份，导师就经常出现腹部绞痛、大汗淋漓、连续腹泻四五天不止、无法入眠等严重病症。"十一"长假的7天时间里，他连续打了7天吊瓶。肖小平说，导师总以为自己是肠胃炎，根本没有意识到病情已经非常严重，所以他还是像以前一样坚持工作。

在切除癌变肿瘤后还去讲课，这并不是方永刚一时的冲动，他一直都是个"拼命三郎"。

2006年春节以后，海军政治部委托大连舰艇学院对1500名中层干部进行政治理论培训。培训一直持续到8月份，方永刚从头讲到尾，加上一学期正常的教学任务，他上了400多个课时，是普通教员的三四倍。

导师徐明善说，方永刚一直都是这样拼命地忙碌，他的教学成绩一直都是学院一流的，在全军也名列前茅。

他说，方永刚上课很受学员欢迎，每年都获得学院的A级。2004年，他参加全军"三个代表"重要思想观摩课比赛，从大连舰艇学院一路进入最后全军的决赛，获得海军系统第二名，全军的三等奖。

和教学一样，方永刚的科研成绩也很突出，他参与编写的《邓小平社会主义理论研究》1990年获得第五届国家图书奖二等奖，他参与申报的课题"江泽民创新理论"成为国家社科基金重大课题，他的专著《大国逐鹿·新大国政治》获得辽宁省社科类二等奖。

后来，即使已经住院，方永刚依然惦记着自己的教学和科研。

在解放军210医院住院期间，方永刚依旧坚持读书、上网、指导研究生课程，并和学院的崔常发、徐明善两位前辈，共同申报了一项国家社科

△ 充满温馨爱意的一家人。

基金重点课题。

方永刚身患癌症的消息并没有第一时间告诉他的儿子方舟。直到 2007 年 2 月 1 日转院解放军总医院时，方舟才确切地知道父亲的病情。

"当时，我就哭了。"方舟说，2007 年寒假，他到北京去陪了爸爸几乎一个寒假。

方舟说，当时爸爸已经接受了几次化疗，但没有脱发等常见的化疗反应。有一次剂量特别大的时候，就吐了一口。他和妈妈都觉得爸爸的病情在好转。

"爸爸说，癌症病人有 1/3 是吓死的，1/3 是病死的，1/3 是被错误治疗治死的。"方舟说，解放军总医院医疗条件很好，肯定不会错误治疗，爸爸的精神状态也很好，肯定不会被吓倒。

方舟说："我也不相信爸爸会被病魔打倒。"

这不由得让他想起了发生在 1997 年春的那场车祸。

1997 年 5 月 8 日下午，方永刚骑车去接放学回家的儿子方舟。半路中，一辆出租车将他撞倒。

这一撞，造成方永刚颈椎骨折，命悬一线。医生偷偷告诉方永刚家人，破裂的骨头只差一根韭菜叶的距离就戳到主神经，一旦戳断，命就没了。

入院时，医生嘱咐方永刚妻子回天燕，72 小时不要离开，他随时可能咽气。

方永刚庆幸自己车祸后没有丧失记忆，在病床上还与同事谈工作。

后来，医生在方永刚头顶上做牵引，在脑袋上钻了两个眼，下了两个钩，吊了 16 磅的秤砣，整整吊了 108 天。其间，前来探望他的领导、同事和亲友无不为之动容。

当时天气特热，方永刚全身是痱子，可他仍没有放弃学习。他让妻子把书拿到病房来用手举着看，从一开始举 3 分钟不到就休息，到后来一口气举着书看 1 个小时、2 个小时。

就这样，方永刚在住院期间，一口气看了 43 本书。"消化"了这些书，他赶紧又写下 30 万字的专著《亚太战略格局与中国海军》，当年 11 月出版后颇受欢迎。

8 月初，方永刚出院时，医生叮嘱他两年内不要出差，更不要超负荷工作。可方永刚哪里听得进医生的话，哪里坐得住，赋得了闲呢？

当年 9 月，党的十五大召开后，他躺在病床上写下论文，戴着安全脖子套在学院举行的研讨会上发言。翌年春天，他就开始上课，挑起函授教学重担，从辽南一直讲到黑龙江的漠河，带病走一路讲一路，将党的理论政策传播到官兵的心坎里。

挺过 1997 年那场车祸，方永刚说，他已从死神手中逃过一次。

身患癌症后，方永刚考虑的是，还有很多事排着队等着他去做。

于是，我们看到一个身兼军人、教师和理论工作者身份的道义担当者，看到一组"豪情方永刚"的剪影：

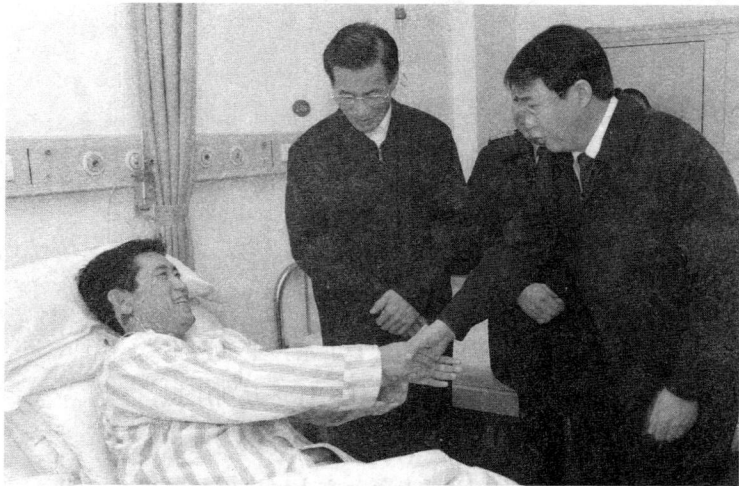

△ 大连市委市政府领导到医院看望方永刚。

——在第二次和第三次化疗间隙，他回到大连舰艇学院政治系，要上完本学期最后两节课。2007年1月15日上午，方永刚一再强烈要求走上讲台。有学员写下感想："他的肚子上竟然还插着一根导管……有这样负责忘我的老师，我们怎能不好好学习呢？"

——住院之前，方永刚曾接受大连地税局稽查三分局的讲课邀请。1月22日，讲台上如约出现了方永刚熟悉的身影。挺拔的身躯，亲切的微笑，不改的激情，一个半小时的报告下来，听众没发现什么异样。事后，当大家获悉方永刚的病情后，不由得从内心深处发出敬佩之情。

——方永刚住院后不久，心里惦记着学生的课程，让妻子把自己带的3个研究生叫到医院，在病房里给他们上课。讲着讲着，方永刚脸色开始发白，直冒汗珠。妻子看不下去了，一边给他盖被子，一边心疼地劝他休息。没想到方永刚很生气，挡开妻子的手说："你别管我，我在给学生讲课呢！"妻子躲到一旁啜泣，3 个学生都不敢吱声，只好撒了一个小谎借故离开，方永刚才停止讲课。

2 月 1 日，大连市这个冬季最冷的一天。在北风的呼啸中，只有青松依然高昂地挺立着。这一天，方永刚要从解放军 210 医院转到北京的解放军总医院继续治疗。

那天下午，忙碌的病房里，方永刚坚持脱下病号服，让妻子帮助穿上干净整洁的军装，戴上军帽。主治医生马萍说用担架抬下楼。方永刚说，主任，你千万别用担架抬我，我是一名军人，我要以一个军人的姿态走出病房。马萍说，那换轮椅吧。话音未落，方永刚已经昂首挺胸走出病房。送行的人们看上去，方永刚不像病人，而是一个标准的军人在走，一个精神抖擞的教员在迈上讲台……

"谢谢大家。春暖花开之时，就是我重返讲台之日！"方永刚挥别送行的人群，走进车内，已是满头大汗。妻子回天燕心疼地帮他擦着汗，小声嘀咕道："上到总书记，下到普通百姓，所有的人都在为你担心，你怎么就不担心自己呢！"

方永刚笑笑说："我是方永刚啊！"

"我是方永刚！"这曾千百次出现在课堂、报告会上的简简单单的一句话，已涅槃成忠诚信仰的名片，烙在所有听众的心底。

→ 他让整个病房充满阳光

★★★★★

　　方永刚与解放军 210 医院有着特殊的关系，他既是这儿的病人，又是他们的客座教授。住院前，他曾围绕战斗精神培养和树立社会主义荣辱观，给医院医护人员做过两次辅导报告，赢得了热烈的掌声和深深的感动。住院后，他又和医护人员打成一片，以他自身的刚强、乐观、执着和谦和，感染了整个病房。

　　在解放军 210 医院院长王小波眼里，方永刚不是一个病人，而是一个值得敬佩的政治理论教授。"方教授的病其实早就有了，至少一年前就会有症状，比如腹部不适、大便不规律等，直到后来连续腹泻、体重下降、贫血、头晕，实在坚持不住了，他才来就诊。这说明什么？说明他平时肯定很忙，一直把工作放在第一位，根本没注意自己的身体。即使来就诊，由于前期只是一般性检查，以为是胃溃疡，他拿到结果后立刻就要回去，说还有很多课等着他去上。我们医院干部三科主任吴晓华出于医生职业的敏感，感觉有些不对劲，建议进一步检查，方教授开始不肯，在吴主任的极力挽留下，才做了

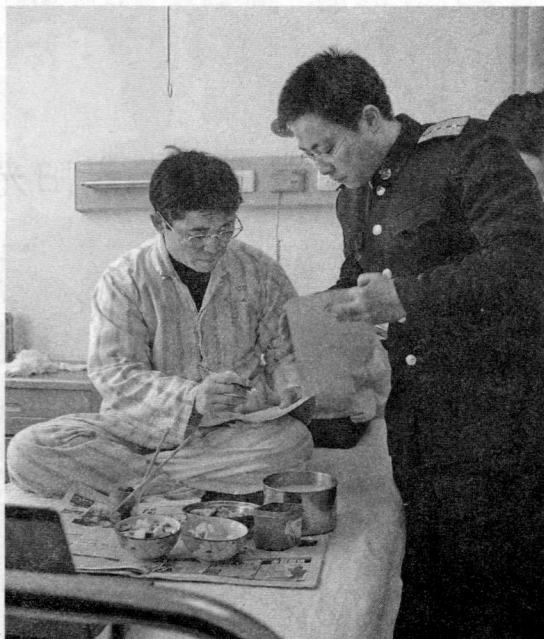

◁ "作为导师的第一个研究生，导师牵挂最多的是我的学业。1月28日，老师在病床上一边吃饭一边为我签署研究课题报告。"研究生肖小平跟记者如是说。

肠镜，然后确诊为结肠癌。后来他跟我们讲，他为什么能忘我地工作，因为他热爱讲台，热爱这份事业，一讲起课来，面对学生和听众，他就能忘了一切。他的这种执着于事业、无私奉献的精神，让我们很受感动。"

"我们医护人员都知道，一个病人，尤其是一个年轻病人，一旦知道自己是癌症晚期时，首先会悲观，其次会哭泣，接着就是烦躁，吃不下饭睡不好觉，看什么都不顺眼，对工作人员发脾气，对家属发脾气。但是，在方教授身上，这些一直都没有出现。他一直都非常乐观，非常豁达，非常平静。这种乐观和豁达不是装出来的，而是他的真实性格。他不但不需要别人劝慰，反而去劝慰别人，叫妻子孩子不要害怕，叫亲友同事不要紧张，叫我们医护人员不要担心。他还经常和我们开玩笑，和大家打成一片。手术之前,他笑着对我们说:'不要紧张,等我好了之后再继续给你们上课。'"谈起方永刚,干部三科副主任、主任医师马萍显得情绪很激动。她说:"他手术之后,人不但没有消沉,反而斗志更加昂扬。有一次在走廊活动的时候,我见他满头大汗,就想搀扶他一下,他却把手高高举起,笑着高声地喊着:'我有勇气与疾病斗争,癌症不会把我打垮!'从他的病房中经常传来嘹亮的歌声,他说,如果把党的创新理论比喻是一首美妙的乐曲,他就是热情的歌者。我在病房干了20多年,还是头一回遇到这样的病人。"

张峰是方永刚手术的麻醉师,手术前,他和方永刚进行了一个多小时的交谈。他说:"第一眼看到他,就觉得这个人很坚强,他的眼神特别坚定。他向我提出一

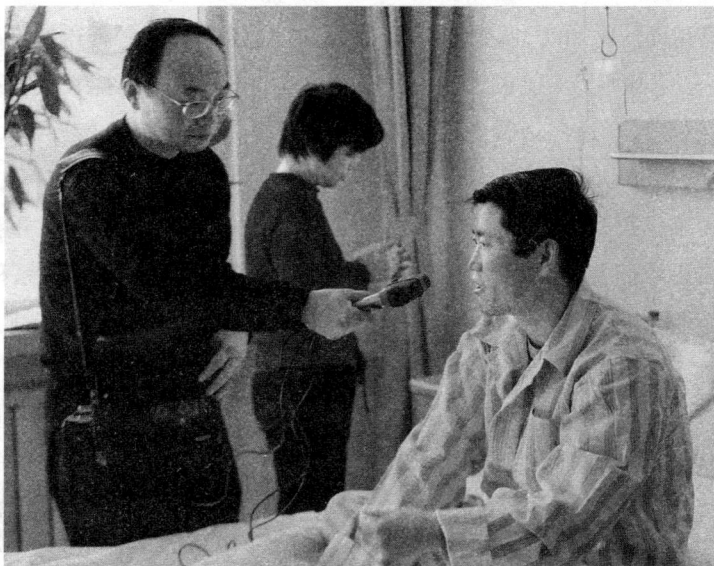

△ 方永刚在病房里接受记者们的跟踪采访。

个要求，能不能少用点或用代谢快的麻醉药，一般的病人为防止疼痛都要求多用点麻醉药，我问他为什么，他说他是从事政治理论研究的教员，必须要有一个清醒的大脑才能完成工作，他不怕缺条腿就怕大脑不清醒。我说行，尽量给你用代谢快的药使你尽快清醒。最后我们采用了锥管麻药。术后第二天，我去病房回访，开玩笑地说，方教授，没有麻醉傻吧？他说挺好挺好。我们在一起又唠了好长时间。"

干部三科护士长张一帆对方永刚的学习精神非常佩服。她说："他的病房不像病房，倒像个书房，桌子上放的都是书，手提电脑也不离手。他只要有一点空，都在看书备课打电脑。一个癌症晚期患者，还能如此拼命地学习，实在让人不可思议。我问他哪来那么大的学习劲头，他说：'一天不学习，就会落后。我是一名教员，如果学生都知道的事，我还不知道，我怎么去教他们？'学习，已成为他的一种生活习惯。"

两次听过方永刚讲课的门诊部主任赵京宁，提起方永刚来充满着感情。她说："一听说是方教授来讲课，大家再忙也会去听，因为他讲的东西对我们很有帮助。比如说'八荣八耻'、建设和谐社会等，他解释得特别好。他说'不知荣辱，仍不能成人'；他还说'构建和谐社会的道德底线就是社会主义荣辱观'。这些话我到现在都记着。在我们干部病房，老干部大都是80多岁，身体状况都不太好，有的耳朵背，有的眼睛花，他们在家都是个宝，家属要求也很高，怎样对他们做好服务，跟他们搞好协调，非常重要。方教授告诉我们要以人为本，与病人和谐相处，要微笑服务，医患关系和谐了，不仅有利于病人康复，也会让医护人员有个好心情，这也是和谐社会的重要基础。"

方永刚以讲课感动了医护人员，也以自己的行动征服了医护人员。干部三科副主任、副主任医师杨兰告诉记者："他一点不像是个重病患者，他不但自己快乐，也给我们病房里的每一个人都带来快乐。就在推进手术台，注射麻醉药的时候，他还乐呵呵地说：'医生，别紧张，悠着点儿，等我病好了，我请你喝酒！'从1月28日他出现不完全肠梗阻倾向以后，从院长、

△ "有您的课堂才精彩！"在方永刚赴京治病临行时，依依惜别的学员们拉起标语为导师送行，表达对导师的祝福。

政委，到我们科主任、副主任以及其他的医生和护士，大家都比自己的亲人生病还紧张。当时，吴晓华主任的丈夫消化道出血，在医院做手术，但她没顾上去陪护；马萍主任的孩子小，她也顾不上回家照顾孩子，整天吃住在科里。当时我父母都在医院住，我爸脑血栓，半身瘫痪，我也没办法去看他们，全身心铆在科里。我觉得大家能有这样的精神和作风，都是受方教授感染的。那时候，我才真正意识到，精神的力量是无穷的。"

即使转院到北京解放军总医院后，方永刚仍然乐观地继续关注国家大事，钻研科学理论。在所有医护人员的眼里，方永刚这个内心充满阳光的人，生活也到处是阳光，即使是在病房。

→ 最后一课

★★★★★

　　"同学们，上午好，今天由我来给大家上《以科学发展观为指导，忠实履行军队历史使命》这一课的最后一个专题。" 2007 年 1 月 15 日，方永刚趁着两次化疗的间隙，如愿地出现在大连舰艇学院政治系国防生学员的课堂上。

　　军装还是那么整洁，声音还是那么洪亮，手势还是那么有力。在学员们眼中，生命已经进入倒计时的方教授，和过去没什么两样。只是一条白毛巾被他频繁地拿起又放下，手术后的导流管被他掖在了军装里面……

　　自从被确诊为结肠癌以后，方永刚就一直待在医院里接受治疗，没有上过课。

　　他站在讲台上说："我早就应该来给大家上课，但自从去年从北京国防大学学习回来以后，由于身体原因住院。我现在还没有出院，正好赶在第二次化疗和第三次化疗之间。我一直惦记着这门课，所以一定要回来给大家上这堂课，因为这是我的使命。"

　　军校生熊卿回忆起这一幕恍如昨日：方教授穿

着整洁的军装，脸上消瘦了许多，他讲课依然洪亮激扬、神情自若。那天，他昂扬的精神让我们震撼，终生难忘！他还自责："要不是肚子上插了根管子，我还能讲得更富激情！"这位与病魔抗争、视使命重于生命的军人，为学员们展示了真正的军人之魂！

"当时大家都知道他得了癌症。他上课的声音依然很激昂，自始至终都是以一名军人的姿态展现在我们面前，我心里有一种强烈的震撼。"一名学员如是说。

那天，很多人都去听了方永刚的最后一课，他的硕士生导师徐明善教授也在其中。

徐明善说，方永刚那天一共上了两节课，第一节他坚持站着讲，当时因为化疗他身上插着根导流管。在大家的劝说下，第二节课他才坐着讲。"那堂课感觉很悲壮。"

△ 在学校举办的"方永刚事迹展览"上，学员们说，看到导师奋斗的足迹，真让人心情激荡啊！

△ "让导师最放不下的工作恐怕是教学了，在大连住院的日子，我们每次来看望他，他都把病房变成了课堂。"方教授带的4位研究生这样跟记者说。

两节课很快过去，方永刚恋恋不舍地离开讲台："祝同学们成功！"聆听恩师的告别之语，学员们再也掩饰不住唯恐让教授难过的低落情绪，泪水夺眶而出。

来上这堂课之前，方永刚的上课提议最初遭到学院和医院的共同反对。最后，共事近 20 年的徐明善明白，这一次他肯定拗不过方永刚。

当听说徐明善已安排别人替自己上课时，方永刚急得叫了起来："我肚子有问题，但脑子没问题，嘴没问题，我还可以上！"徐明善只好答应了他的要求，因为他能理解方永刚当时的心情：一个讲了 20 多年课的教员，因为生病或许以后就再也不能讲了，方永刚是想去跟学生、跟讲坛，做最后的告别。

看到丈夫如此执拗，妻子回天燕转过身去，掩面流泪："我真希望方永刚是一个哑巴。"

徐明善说："最后，我请示了学院的领导，让方永刚想干点啥就去干吧。"

同样没有拗过方永刚的还包括他的主治医生、解放军 210 医院干部三科副主任杨兰。

杨兰回忆，一般人进医院以后，医生都会告诉病人要配合治疗，但方永刚到医院却跟医生说："你们要配合我治疗，我的教学任务很重。"

"当时我心里可不得劲了。"杨兰认为，他有自己的职责，但医生的职责是让他好好地休息和治疗。在病房里看书、打电脑的问题，医护人员多次和他有过交锋。

杨兰说："当时，方永刚是不辞而别去讲课的。如果他向我请假，我肯定不会同意。"这位已与病人打了 20 年交道的主刀医师，她告诉我们："走下手术台后我在想，哎呀，这真是个铁人啊！癌症已经到晚期了，难道他还没有感觉吗？他还能够坚持工作，真是不可思议！"

"不信宿命信使命。"在做完癌症手术后，方永刚躺在病床上，仍然不忘自己的课。躺在病床上的他，惋惜的不是生命的宝贵，而是病魔剥夺了他干事业的宝贵时间。为能再多讲一些课，他把军装带到了病房里，对医院院长和政委说："我把军装都带来了，需要我讲课随时吩咐！"

政治系政委房亚平是方永刚的领导和要好的朋友，他太了解方永刚了。他在回忆起 1 月 15 日方永刚拖着病身为学员讲授最后一课的情景时说："这一堂使命课完全可以安排别人来讲，但永刚坚定地出现在讲台上。他要以这种行动向学员们传达这样一个信息：你将来到工作岗位上，在履行使命任务中，该保持一种什么样的战斗精神、战斗意志和战斗作风！"

"方教授，您留给我们的永远是坚毅刚强的一面！血气永刚！"国防生学员韩兴华在当天的学习笔记中，写下了对一个燃烧生命去实践创新理论的政治工作者的敬意。

两个小时的大课结束了。学员们强忍泪水，他们知道，此时此刻，他们的老师恐怕连站着都是一种抗争，一种与生命的抗争。

好像这只是一堂普通的政治课，是方永刚无数次授课中最普通的一堂

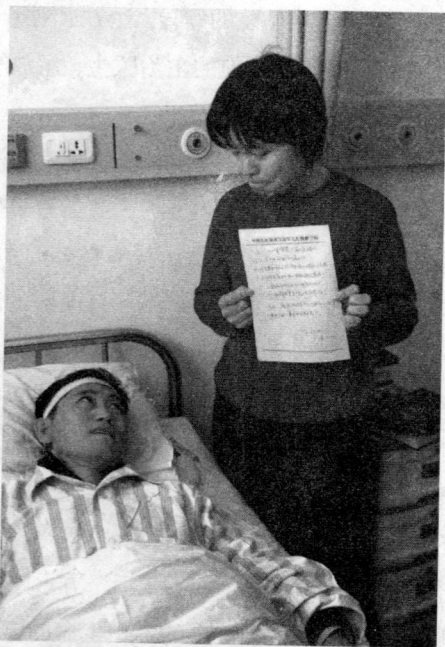

△ 方永刚转院北京治疗前，要求妻子为他携带的书籍清单。

课，依旧是铿锵有力的声音，依旧是幽默风趣的语言，依旧是充满理性的思辨，依旧是入情入理的分析……

学生们震惊了，这是一个癌症晚期的患者吗？这是一个即将接受第三次化疗的病人吗？

此时此刻，任何华丽的乐章也比不过这样一堂课更能触动心灵，任何精彩的语言也会显得苍白无力，同学们用雷鸣般的掌声和充满敬意的目光向方老师敬礼！

→ 相约四季

★★★★★

2007 年 2 月 1 日，海军派专机把方永刚从大连接到北京住进了解放军总医院接受治疗。

那天，当他裹着棉袄、戴着口罩走过解放军 210 医院门口时，已聚起了 300 多人的欢送队伍。

几名闻讯而来的市民，举着"方哥你是好样的"、"方哥你要挺住"的牌子，泪流满面。

方永刚所住病房的护士，连夜为他叠了一大罐幸运星和纸鹤。

她们期盼着，这位喜欢开玩笑、戴着副大眼镜的方老师，能再次盘坐到病床上，为大家上一节"和谐社会与医患纠纷"的讨论课。

方永刚与所有人的约会，都推到了"春暖花开的季节"。

其实，北京的春天早就来了。方永刚发现，病房外的柳树已吐出了嫩芽。

他的约会，将不再止于"春暖花开的季节"。

在解放军总医院接受治疗的那段日子，这个终年忙碌的教授，尚未完全适应现在的生活秩序。他每天早上 6 点起床，在 120 米的走廊里走上 8 个来

笑对生活的
无畏斗士

回，早上 7 时整，中央电视台的《朝闻天下》新闻节目是他每天一见的老朋友。然后是接受治疗，午睡几个小时，晚饭后继续锻炼身体，并抓紧时间上网、看报纸，用手机短信和领导、老师、同事交流学术问题。

方永刚身上有着常人身上难以找到的乐观，对于未来，他有着太多的等待和期许。

那是方永刚接受第三次化疗之后的一个春光明媚的早上，他盘着腿，坐在病床上，接受了我们的采访。

他的面前，有一扇窗户。明澈的阳光，温暖地照在他身上；鸽哨声声，隐隐从窗外传来⋯⋯

一名护士轻轻走来，要把窗帘拉上。方永刚摆摆手，制止了她。

"能看见太阳多好，能看见鸽子多好！"望着窗外，

△ 方永刚在报告会上的庄严军礼！

方永刚若有所思地说。

3月1日，海军机关礼堂。在海军党委机关学习方永刚同志先进事迹动员大会上，鲜花簇拥中的方永刚激情满怀："充满欢乐与战斗精神的人们，永远带着欢乐迎接雷霆与朝阳。如果有一天我的生命之钟停摆了，我愿意把它定格在自己的岗位上，永远保持一个思想理论战线英勇战士的冲锋姿态，让有限的生命为太阳底下最壮丽的事业燃烧！"

也就是在那一天，他向我们吐露心声：

"今天清晨，阳光初升，我站在窗前看到外面的柳树已经绽放出了柳芽，心里不由一动，许了几个愿——

我和春天有约，春暖花开的时候，我要走下病床，走出病房；我和夏天有约，艳阳高照的时候，我要和全军战友一起庆祝人民军队的80岁生日；我和秋天有约，枫叶红了的

笑对生活的
无畏斗士

时候，我要和全国人民一起迎接党的十七大；我和冬天有约，白雪皑皑的时候，我要再次走上我心爱的讲台。这是我今年的打算。

至于我今后的打算：当我要退休的时候，是党的二十大，在这之前，我要去宣讲这些年的会议精神。而党的二十五大召开之后两年，是建国100周年，那时我86岁，我希望和同志们一起赞颂祖国，迎接朝阳从东方升起，看到我们的祖国发展成为强大的国家，也看到我们军队发展成为一支信息化的军队。这就是我的目标。

在场的人，眼睛都潮湿了。天地间，一轮红日正冉冉升起，一如方永刚与之同行的真理。

→ 闪耀在病房里的生命之光

☆☆☆☆☆

方永刚被安排在解放军总医院南楼临床部6楼22号病房。到达医院时，护士韦文英示意方永刚坐电梯上去，也许方永刚想起了大连舰艇学院政治系的那108级台阶，执意要从楼梯走上去。跟在后面的医护人员，看着方永刚的身影，打心里觉得他不像个病人。

方永刚的病情，牵动着医院专家们的心。经过

△ 小小斗室，承载了方永刚高尚的人生追求和忘我的奋斗精神。他的儿子方舟指着电脑说："爸爸学习、研究党的创新理论的专著和文章大都是在这里完成的。"

专家数日会诊，最终拟订化疗结合靶向治疗并配合静脉营养支持、免疫支持、调整肠道功能的治疗方案。

爱心使然，方永刚的病情得到了控制，身体一天天地好转。2007年4月13日，当方永刚的身影出现在人民大会堂事迹报告会现场时，那一刻，医务人员无不为之欢欣鼓舞。

化疗对一名癌症患者来说，是非常痛苦的。病房走廊里，方永刚有时听到有的病人说"宁愿死，也不愿去化疗"。每听到此，方永刚都坚定地说："我选择活！"在方永刚看来，生命是宝贵的，生活是美好的。

化疗后的反应就像严重的妊娠反应一样，吃一点东西都想吐。面对身体出现的强烈不适，方永刚以超强的意志与病魔进行着抗争。对他来说，这就是战斗。

有一个细节让妻子回天燕记忆深刻，那就是每次化疗结束后，方永刚都会特别兴奋地喊上几声："哦，解放了！"那一刻，方永刚高兴得像个孩子，有时还手舞足蹈，回天燕怕让人看见了会笑话，赶紧去把房门关紧，拉着方永刚的手说："别闹，听话，好好配合治疗！"这一刻，整个病房里洋溢着那种夫妻间才有的体贴和幸福。

在体力允许的情况下，方永刚每天都会到医院的庭院中散步，拿自己吃剩下的饭菜喂养这里流浪的2只小野猫。他还为小猫起了名字，一只叫"皮蛋"，因为它调皮捣蛋；一只叫"花脸"，因为它脸上的毛色很花。渐渐地，小猫熟悉了方永刚的声音，只要方永刚出现在花园中，喊一声"皮蛋""花脸"，它们就会从周围的角落里跑出来，不仅享受方永刚为它们带来的丰盛晚餐，更多的是享受着给它们带来的关爱和温暖。

医院的庭院中有三棵柏树，枝叶茂盛，方永刚体力允许时每天都坚持在树下练习抗癌健身法，他把三棵似乎有灵气的大树当作陪伴自己练功的伙伴，还给它们起了名字，分别叫"和谐""和顺""和美"。每次去大树底下练功时，方永刚都要双臂环抱着大树，说是要采集天地之灵气。接着，他还轻轻地向大树倾诉："大柏树啊，我愿做你真诚的朋友，请你用身体散发出的氧气供我呼吸，把你身上的养料输送给我，变成我战胜病魔的武器；我把我的癌细胞交换给你，变成你成长的养分，我们互利互惠，一起携手将生命延续……"

正是这种乐观，让单调和乏味的住院生活变得轻松起来。有一次化疗后，内脏出血，妻子紧张得直流泪，他却笑着说："与癌症抗争是一场拉锯战、持久战，敌人以'集团军'的态势向我发起攻击，我自岿然不动！"说得妻子破涕为笑。

虽深受病痛折磨，但他学习的习惯一点没变。

"唐僧取经经历了九九八十一难，我这点病痛算什么。不管难有多大，都会过去的。"病房中的方永刚总是这样的乐观。

方永刚带的研究生、陪伴他数月的肖小平说："住院的很长一段时间，导师经常独自站在窗前，眺望远方，怅然若失。"离开了心爱的讲台，离开

△ 熟悉方永刚的好友到医院看望，总忘不了带上几本他喜欢的书。

了钟情的理论研究，方永刚把自己比喻成关进笼子的老虎，身上有使不完的力量却无从去使。

但是，疾病可以控制他的身体，却无法摧毁他的意志，无法剥夺他对知识的渴望。不管治疗怎样痛苦，方永刚从来没有停下学习的脚步。

"小董，去北京图书大厦帮我把这些书买来。"方永刚递给照顾他的董禹一张书单。董禹是大连舰艇学院政治系干事，从方永刚到解放军总医院接受治疗以来，一直陪伴在病床前，为方永刚忙前忙后。跑书店买书，已经成为小董的一项重要任务。他告诉记者，他前前后后为方教授买回了七八十册图书。

"给我带《探索发现》、《人与自然》、《宇宙起源》这几本书过来吧。"海政宣传部教育处原处长陈耀春去看方永刚，问他需要什么，方永刚点名索要"礼物"。

就这样，方永刚桌上的书越摆越高，从南怀瑾作品集、十六大文件汇编，到时下流行的《大国崛起》《〈论语〉心得》。消化内科护士韦文英说："方教授的病房一点不像病房，称书房反而更合适，桌子上放的是书，手提电脑也不离手。他只要有一点空就拿出书来看，要不就上网查资料。"

2007 年 5 月 22 日，北京的天空飘着雨，不能到外面散步的方永刚躺在床上翻看季羡林先生的《病榻杂记》。季老先生对人生的豁达态度，引起了方永刚强烈的共鸣。其中一篇《石榴花》，尤其让方永刚爱不释手，文章提到"五月榴花照眼明"的诗句，方永刚反复吟诵。恰巧，解放军总医院楼前小花园的入口处有两株石榴树正鲜花怒放。方永刚下了决心，要下楼去看看 5 月的石榴花，领略这"只为归来晚，开花不及春"的意境。

由于外面下雨，方永刚着凉，夜里开始感到腹部隐隐作痛，后来出现发烧，整夜都在折腾。妻子回天燕忍不住埋怨方永刚不注意身体，方永刚笑了笑，说："雨中观石榴花，让我与季羡林老先生有了一次神交，这点痛又算得了什么。"

这种乐观与豁达，正是方永刚坚强的生命支柱，正是他不断创造奇迹的力量源泉。

消化内科副主任蔡昌豪收治过各种各样的病人，谈起方永刚，他掩饰不住自己的激动："坚强的人我也见过，但没有见过方永刚这样坚强的。一个病人一旦知道自己是癌症晚期，会悲观、会哭泣、会烦躁，食不甘味，夜不能寐。"但是，他却惊讶地发现，方永刚是那样的坦然，那样的平和。用方永刚自己的话说："别忘了我叫永刚，这可不是一般的刚强。"

在与真理同行中收获成就，是他的最大快乐。

在医院期间，接受各种治疗占据了方永刚大量的时间，但方永刚学习的习惯一点没变，对党的创新理论的追求一点没变，对自己挚爱的理论研究从来没有停歇。方永刚就像一只拧紧了发条的时钟，永远保持着忙碌的节奏。

据方永刚带的研究生肖小平回忆，为了纪念建军 80 周年，方永刚在病房中撰写了《建军 80 年与中国先进军事文化基本精神及其培育》、《建军 80 年我军职能使命的历史发展及启示》和《建军 80 年海军军事指导理论的创新发展》，都是上万字的理论文章。2007 年 8 月，方永刚主编的 40 多万字的《新世纪新阶段中国国防与军队建设》出版。

每写一万字的文章，方永刚至少要查阅十多万字，甚至数十万字的资料。写数十万字的作品，阅读的材料上千万字。也就是说，在解放军总医院住院的 300 多天时间里，方永刚每天要阅读几万字的材料，要写好几千字的东西。对一个健康人来说，这都是一项浩大的工程。而所有这些工作，都是方永刚拖着孱弱的身体，一个字一个字、一段话一段话在电脑上打出来的。

肖小平到现在还记得导师修改《建军 80 年与中国先进军事文化基本精神及其培育》的情景。那天，方永刚把文章放在被子上，不停地圈圈点点，哪里写得不好，哪句话需要斟酌，哪个标点错了，他都一一标出来。对这一篇论文，方永刚前前后后推敲了 6 次，其中的小改不知多少次。那一刻，肖小平看到了一个师者的尊严，看到了一个学者的严谨作风。

用方永刚自己的话说，他的动力之源，是对党的创新理论坚信不疑；他的最大快乐，是在与真理同行中收获成就；他的不懈追求，是永远保持思想理论战线一名战士的冲锋姿态。方永刚不仅这样说，也是用自己的实际行动在践行着。

2007 年 4 月 5 日至 6 日，全军思想政治教育座谈会在京召开，方永刚以《激情之火为真理燃烧》为题，第一个做了发言。

2007年4月13日，中宣部、教育部、解放军总政治部在人民大会堂举行方永刚先进事迹报告会。方永刚做了《让生命为太阳底下最壮丽的事业燃烧》的报告。

"做医生这些年来，见过的病人不少。同样的病要是放在其他病人身上，肯定大呼小叫，情绪很低落。"有着多年从医经验的蔡昌豪副主任说。2007年7月4日，就在被授予荣誉称号的5天后，癌细胞不断扩散的方永刚又走上讲台，为解放军总医院的领导和医护人员传达胡总书记6月25日在中央党校发表的重要讲话精神。消化内科医师廖亮到现在还清楚地记得当时的情景：一条毛巾，一杯水，方永刚把一堂深奥的理论课讲得风趣幽默，充满激情，学习室坐满了医护人员，门口也站得满满的。讲课前，医生们还在担心方永刚的体力和精力是

△ 在采访过程中，记者们在书店中认真查阅方永刚的有关学术成果。

否允许讲课，方永刚很干脆地说："没问题! 这么多天研读胡总书记的讲话精神，你们要是不让我讲，我可是要憋坏的!"考虑到他的身体状况，医生只让他讲 10 分钟，没想到，方永刚一口气讲了半个多小时。

2007 年 10 月 15 日，他终于实现了"与秋天的约会"：和全国人民一起迎来了党的十七大胜利召开!

那天，方永刚一大早就起床。久病的他精心地刮了胡子，然后有些艰难地穿上崭新的 07 式礼服。由于身体原因，他这天向大会请了假，不能到人民大会堂参加十七大开幕式。但他在妻子回天燕的帮助下，在病房窗台上摆上了鲜花，在电视机上"升起"了鲜艳的党旗和国旗。

不知不觉，一个多小时过去了。考虑到方永刚的病情，解放军总医院专家王孟薇和消化内科副主任蔡昌豪，执意劝他上床休息。方永刚坚决地摆了摆手说："胡锦涛同志站着讲，我在这里坐着听，我哪能躺在床上听报告呢? 我能坚持。"为了满足他看完开幕式的愿望，康复科朱才兴副主任也来到病房照看。

2007 年 10 月 16 日，离开媒体视线数月的方永刚在中央电视台亮相! 他参加解放军代表团分组讨论并发言!

负责方永刚护理工作的消化内科护士长黄莉说，对这一刻的到来，方永刚已经期待多时。前一天夜里，方永刚激动得整夜睡不着觉，一直在写写画画，准备第二天发言的材料。毕竟，方永刚是癌症晚期的病人，解放军总医院担心他的身体，让黄莉护士长和护士宋学军陪着方永刚去京西宾馆参加会议，直到会议室外才将胃管拔下来。当时，她们手心都捏着一把汗。然而电视画面出来，效果非常好。讨论中，方永刚有力地挥动着右手，精神饱满："明年2月，是《共产党宣言》发表160周年。160年来，什么是马克思主义、怎样坚持和发展马克思主义，什么是社会主义、怎样建设和发展社会主义……从毛泽东思想、邓小平理论、'三个代表'重要思想到科学发展观，我们中国共产党人已经基本弄清楚了这些问题，对此做出了明确回答。"

虽然面容消瘦，但方永刚的发言依然铿锵有力："改革开放已经29年了，我研究中国特色社会主义理论也有20多年了。改革开放为什么能取得这么大的成就，过去我们总是研究不透。胡锦涛同志的报告，使我有拨开云雾的感觉。我们取得一切成绩和进步的根本原因，归纳起来就是：开辟了中国特色社会主义伟大道路，形成了中国特色社会主义理论体系。"

整个讨论期间，方永刚思路清晰，精神昂扬。回天燕告诉记者，去之前，她担心方永刚的身体出问题，看完新闻之后，才把一颗心放下。

医护人员说，方永刚是病人中的病人，但消化科6楼22号病房里，每天都会传出爽朗的笑声，方永刚说："在这里，我没有不快乐的理由！"

2007年4月22日，对方永刚来说，是一个特别的日子，这一天是方永刚的44岁生日。解放军总医院22号病房里摆满了康乃馨、菊花、百合花、富贵竹，春意盎然，充满温馨。当医护人员带着一个很大的生日蛋糕，走进方永刚病房时，正坐在床上读报的方永刚才想起自己的生日。

当黄莉护士长把一本"爱心相册"送给方永刚时，方永刚情不自禁地大声朗读起里面的每一句祝福自己的话："每个生灵的诞生都给这个多彩的世界添加了一道颜色，而您是最亮的一笔"；"在您的身上，我懂得了人生的意义，看到了一个钢铁战士面对病魔的坚韧不拔……"读着读着，方永刚的泪水夺眶而出，他感慨地说："真的过得好快，自己已度过了44个春秋，感谢大家无微不至的关怀！"说着便向所有医护人员深深地鞠了一躬。

方永刚是浪漫的。2007年5月12日护士节，整个病房里洋溢着节日的气氛。方永刚怀着对医护人员的敬意，提笔给医护人员写了一封情真意切的感谢信，并把护士们叫到自己房间，倾情朗读了这封信。

信是这样写的：

消化科全体护士姐妹们：

今天是国际护士节，祝你们节日快乐。衷心感谢你们用纯洁的心、圣洁的爱、人文的情、和谐的笑、天使的美，重新点燃了包括我在内的千万个患者对生命的希望。你们用爱编织起人们心中永恒的四季之约，使每年的护士节都承载起人们用任何赞美之词都无法表达的感激和祝愿。今天我斗胆并发自肺腑，但也面带羞涩地向所有护士姐妹们说一声："在我眼里，今天你们是最美丽的。我爱你们！"

方永刚是乐观的，病中还不忘交友。他和为他治病的体疗师朱才兴主任甚是投缘，便把自己的一本专著送给他。他在书的扉页上写道："掌大如蒲扇，手中蕴玄机；十指弹脉穴，病去谈笑间。胸阔含宇宙，心细审毫厘；救人只为乐，行善发乎情；贤哉朱才兴，平生一知己！"

真水无香的家事

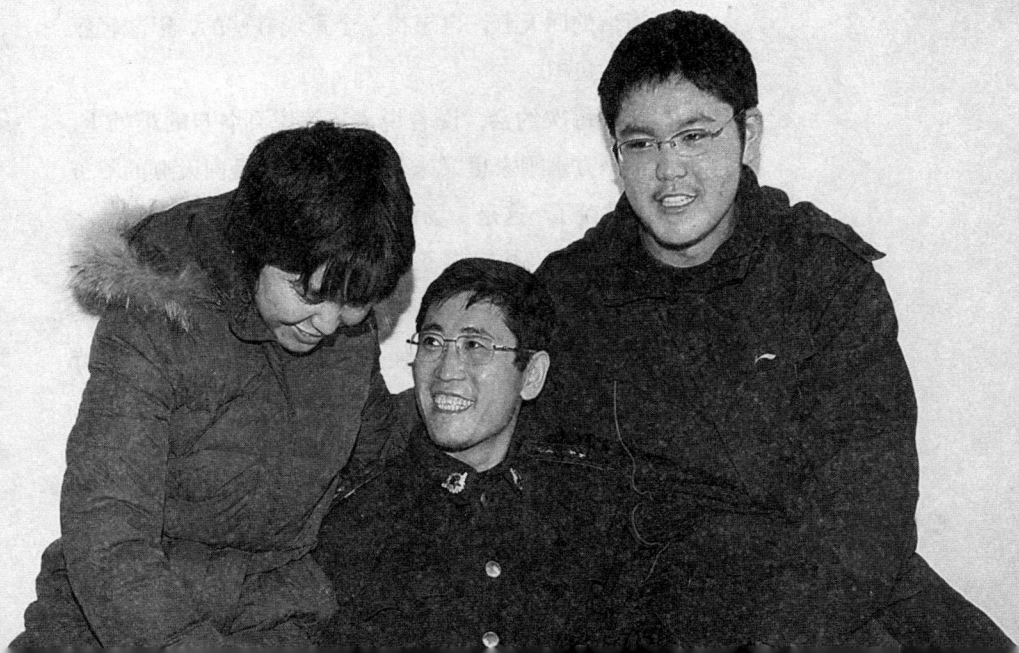

一张独特的结婚照

★ ★ ★ ★ ★

1986 年，也是春天时节。方永刚恋爱了。

对象回天燕，是原大连政治学院的幼儿园老师。个头不高，长得白白净净。

恋爱本应是轻松的，但方永刚与回天燕的恋爱，从一开始就显得有些沉重。

或许真是穷怕了，方永刚希望能找个家庭条件好些的姑娘。

回天燕的家境也一般。爷爷瘫痪在床；母亲患哮喘病，干不了重活；弟弟妹妹又小。从小就十分懂事的回天燕，也想找一个家境好些的，以减轻家庭的负担。

每次约会，说着说着，就说到各自的难处上，不是方永刚家里又来信要钱了，就是回天燕的爷爷又住院了。这是一场从一开始就不被看好的恋爱。

然而，接触多了，双方又都觉得谁都离不了谁。

第一次到回天燕家，见躺在床上的爷爷喊解手，方永刚二话没说拿起便壶为老人接尿，然后，又背着老人下楼晒太阳。这一切，让回天燕的母亲感动了，她对女儿说："这是个可以托付终身的男人。"

△ 方永刚的岳父回俊才说："小方的特点主要是精神不倒，他没有把自己的病看得太重；整天却想着出院后怎样给学生讲课。"

柳绿桃红又一年。

1988 年 4 月 21 日，方永刚和回天燕到民政局办理结婚登记。

工作人员问："带照片了吗？"

"带了、带了。"方永刚连忙拿出两张单人照片。

工作人员一看，笑了："我做了这么多年的结婚登记，还没见过拿单人照片的。你们再简单也得去拍个结婚照嘛！"

方永刚说："没结过婚，真不知道有这个规定。"

俩人闹了个大红脸。人家还算通融，把两张单人照片贴在一起，合并成一张独特的结婚照。

院内一间 15 平方米的小屋成了他们的新房。为了少占地方，方永刚把自己睡的单人床边上再加一块木板，变成了双人床；一张旧三屉桌；一组农村木匠打的组合柜。唯一的一件"奢侈品"是借亲友们的钱买的小电视。

结婚那天是个星期天，请一些亲友吃了顿饭，算是办了婚礼。第二天早晨，方永刚对回天燕说："上午我还有课，你在家休息几天吧。"回天燕说："我也要去上班。"当时，幼儿园有个规定，休3天以上假，当月的15元奖金就没了，她心疼那15元奖金。

　　转眼到了五一节，回天燕第一次随方永刚回老家探亲。清晨，他们在锦州下的火车，登上一辆连车窗玻璃都没有的长途汽车。下午3点到了一个叫不上名的小站，两个人满身满脸都是尘土，像是俩"土人"。然后，扛着大包小包又开始步行。那一带水土流失严重，一个河套接一个河套。走走还不到，走走还不到，方永刚见妻子累得满脸是汗，就把大包小包都挂在自己身上，还不断鼓励她："曙光就在前头！曙光就在前头！"

　　天擦黑时，终于到了水泉村。一进屋里，有两样东西给回天燕留下了难忘的印象：一是炕上铺着的地板革。她觉得很纳闷：地板革怎么可以当炕席用？一是墙上挂着的一个镜框，那里面几乎都是方永刚上大学和当兵后的照片，可见他在这个家庭里的地位。

　　夜里，躺在铺着地板革的炕上，方永刚轻声问妻子："怎么样，天燕，不习惯吧？"

　　"还行。"回天燕说。

　　方永刚感慨道："这里虽然穷，却是我的根啊！"

➡ 新姑爷的见面礼

★★★★★

新婚的第三天，新婚女儿要回娘家，新姑爷要拜见岳父母，这是当地的习俗。在携带什么礼物上，他们产生了意见分歧。方永刚主张带黏豆包，那是家乡亲人来参加婚礼时带来的。方永刚说："咱爸爱吃黏豆包，你还不知道吗？"回天燕却认为，黏豆包这东西太土气，上不了台面。俩人最后达成共识，决定各带各自的礼物。

方永刚知道，自己是辽西人，岳父回俊才是辽北人，中间只隔两个县，风俗人情是相通的。过去在农村，豆包是农村人过年必备的主食，而平时只有割麦子、铲地等重体力劳动时才能吃到。

吃饭的时候，大家碰过了杯，回天燕将重新加热的黏豆包端上来，放在父亲面前。新姑爷拜见岳父送豆包，回俊才得出一个印象——实在！

方永刚带来的家乡豆包，面是纯粹的大黄米，不是糯米，也不是小黄米、黏玉米面，所以又软又香。回俊才吃起黏豆包来，比吃传统糕点"八大件"还受用，心想：这才是我的姑爷呢，他知道老丈人心里想的啥！

⊖→ 第一个月工资

★★★★★

　　四年后大学毕业时，方永刚选择余地很多，但他毅然走进军营，来到了大连舰艇学院政治系，进行理论研究。

　　工作以后，他把第一个月的工资原封不动寄到家里。远在家乡山村的父亲拿到汇款单，居然一个星期没有去取钱，到处给乡亲们看："我家永刚当干部了，挣工资了！"方永刚明白，在父母眼中，自己是全家的骄傲，更是全村的希望。他给父亲写了这样一封信："爸爸，我是咱家第一个拿工资的，也是咱村的第一个大学生。我不但要让咱全家过上好日子，还要尽我所能帮助乡亲们过上好日子……"那年，方永刚的父亲去世。哥哥们清理老人遗物的时候，发现了这封信。打开信一念，哥哥们都哭了："爸爸，永刚的承诺做到了……"

　　一个农村孩子进城之后，给这个山村带来了什么？这个问题对于方永刚，答案确实令人震惊。屈指一算，目前他的兄弟、嫂子、侄子、外甥、乡亲，在大连务工、生活的有四五十口人！他们从穷乡僻壤走进城市，融入沸腾的大都市，方永刚是他们的向导，也是他们的帮助者。

　　当年，和妻子回天燕认识不久，方永刚就很郑重地对她说："我们家很穷，有 6 个兄弟，爹妈身体也都不好，我们得帮他们过日子，负担会很重。还有，我们如果成了家，他们和乡亲们也会不断地到我们家来，甚至还会住在我们家，你要有思想准备，你对我怎么样都行，但不能对他们不好……"确实，自从嫁给方永刚，家里就人来人往，方永刚的农村亲戚和乡亲接踵而来。当时，他们只有一间 18 平方米的宿舍，有时老家一来就是五六个人，回天燕只好带着孩子回娘家住，方永刚晚上只好睡办公室。

　　多年之后，当方永刚面对记者"如果你不管乡亲们，他们会怎么想"的提问，他冷静地想了很久，这样说："离开了家乡，我就成了乡亲们眼中的城里人。我要是对乡亲们很冷漠，乡亲们说我个人忘恩负义是小事，他们会说'城里人不咋的'。更何况，我还是一名军人、一名共产党员。我要是不帮乡亲们，我回家再坐在炕头上给他们讲理论，谁也不会听! 我还怎么有脸给他们讲和谐互助的社会主义人际关系?"说着说着，方永刚动了感情："乌鸟反哺，羊羔跪乳，动物尚且如此! 一个人啊，如果对与自己最亲近的人都没有责任感，很难想象他会对同志、对工作、对事业有责任感。我从来不相信，一个连生他养他的父母都不爱的人会爱国，一个连兄弟姐妹都不爱的人会爱同志。我更不相信，一个连天理人伦都不尊重的人会尊重社会道德和职业道德，更不要谈什么对真理的信仰和追求!"

→ "方家旅店"

☆☆☆☆☆

结婚后，回天燕发现家里的碗筷经常不够用——碗筷不够用是因为家里来的客人多，而这些客人几乎都是方永刚老家的穷亲戚、穷老乡。

方永刚不仅是方家的第一个大学生，也是村里的第一个大学生。离开家乡后，方永刚依然深切地关注着家乡那块贫瘠的土地，他时时在思考着该如何帮助父老乡亲们摆脱贫困。

1994 年的一天，方永刚回老家休假，前脚刚进门，乡供销社的两位领导就跟了进来。人还没坐下，就长吁短叹。原来，这年全乡的大黄米丰收了，供销社收购的几百吨粮食卖不出去。听说在大连当"官"的方永刚回来了，两位领导就赶紧跑来求援。

"别急，我想想办法。"第三天，方永刚就提前回到大连四处打听。最后，在泉涌街找到一个有收购意向的单位，解了乡亲们的燃眉之急。

还有一次，方永刚在探亲时得悉，家乡生产一种叫"三道眉"的葵花子，尝过的都说好，可就是销不出去。他问乡亲们："为什么不拉到大城市卖？"乡亲们说："大城市的门朝哪儿开都不知道，我们哪儿敢去做买卖？"

风尘仆仆，方永刚扛回一大口袋"三道眉"的葵花子回家，他对妻子说："这次回去，我接受了乡亲们交给的一项任务，帮他们推销葵花子。"

回天燕一听笑了："你从来没做过生意，哪干得了这种事？"

方永刚说："现在我们主要是先做社会调查，这几天把这些葵花子，分送给亲朋好友们，让大家品尝品尝，听听反映。"

几天后，反馈回来了。大家一致反映"三道眉"，皮薄、仁饱、味香，又好嗑。

方永刚心里有数了，一个电话打回去，几位乡亲拉来了一大卡车的"三道眉"。方永刚忙前忙后，又是安排住宿，又是联系代销点。一个星期后，一大卡车的"三道眉"一销而光。几位乡亲那个乐啊，都说这是他们这一辈子挣到最多的一笔钱。至今，"三道眉"还在大连农贸市场上畅销。

这一下，方永刚在老家成了"大能人"。消息传开后，水泉村、萝卜沟乡都知道大连有个叫方永刚的海军，热心肠，又有能耐。打工的、做生意的、看病的，都来找他。休息日，方永刚常去学校附近的建筑工地、餐馆，打听是不是需要用人。还爱去农贸市场转悠，看看有什么商机。经过一番市场调查，他建议村里在大连设立经销点，不但解决了农产品出售的难题，还让一批批乡亲陆续走进大都市，走上了致富路。

为乡亲们做这些事情，方永刚纯粹出于自愿，没有深想。老乡来了，他不仅要管吃管住，还要负责找活干。那些日子，一看到回天燕住娘家，左邻右舍就问："永刚家又来人了？"让回天燕始料未及的是，这些亲戚和乡亲不是来观光旅游的，他们向往城市生活，渴望摆脱贫困，都想在大连找份工作。接着，他们又把老婆孩子从乡下带来，方永刚又要帮他们租房子、找工作……

有天夜里，10点多了，老家来了四个小姑娘，连声招呼都没打，说是奔方叔叔找工作来的。那时候，方家还只住着一间小屋子，无奈，只好是四个小姑娘和回天燕母子挤在一张床上，方永刚自己睡在三屉桌上。

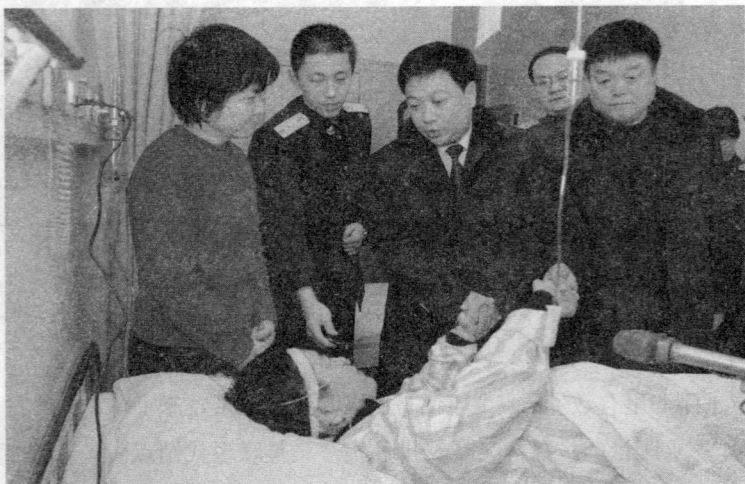

△ 方永刚家乡的领导代表家乡人民专程到医院看望，称赞他是家乡人民的好儿子！

一夜没休息好，第二天一早还得上班，回天燕心里自然有气儿。下班后，带着儿子方舟回娘家去了。

方永刚忙乎了三天，总算为四个小姑娘找到了活干。这才想起妻子儿子已经几天没有照面了，连忙骑着车子上岳父家。

"哟，咱们的方老师终于露面了！"一进门，回天燕便话里有话。

方永刚"嘿嘿"笑着，只顾自己逗儿子。

"我说方永刚啊方永刚，咱们那个家还叫家吗？索性叫'方家旅店'算了。"回天燕的气儿还是不顺。

方永刚开口了："客人来得多了，的确影响了咱们的生活和休息。但你想过没有，如果没有改革开放的好政策，这些农民能出得来吗？你就用轿子抬都抬不到咱们家。从咱们这个小小的'方家旅店'就可以看出，农民工开始向城市流动了，这无论对于城市还是农村，都将产生巨大的影响。"

　　见回天燕不吭声，方永刚又说："咱们不妨换位思考一下，如果咱们也是第一次进城，人生地不熟的，那有多难啊！"

　　回天燕也是通情达理的，她说："我倒无所谓，我就怕影响你工作。你要备课，又要讲课，自己都忙不过来。"

　　方永刚答道："我没关系，作为一名党的理论工作者，能为乡亲们解决一些实际困难，我高兴。"

　　有个老乡叫张自海，家里穷，三十好几了还在打光棍。方永刚把他带到大连，帮他在一个建筑工地找到一份活儿。怕他乱花钱，方永刚又帮他代保存工资。三年，刨去吃住零用，共积蓄了6000元。用这笔钱，张自海在家乡找了个媳妇，现在孩子都上小学了。他逢人便说："没有永刚，哪有我这个家！"

　　逢年过节，方永刚都会将在大连打工、做生意的乡亲们请到家里。菜摆好了，酒斟上了，方永刚开始发表祝酒词。他先讲国内外大事，再讲最近出台的各项政策，然后还要帮大家解惑答疑。方永刚讲得有声有色，大伙听得有滋有味。饭菜都凉了，每回不得不由回天燕出面制止："差不多了，永刚，你别把政治理论课堂又搬到饭桌上来了。"

　　方永刚特别关注家乡的教育问题，每回乡亲们在一起聚会，他都要叮嘱大家，要想改变家乡的贫穷面貌，要想转变个人的命运，必须重视教育。他最先考上了大学，在他的示范下，水泉村至今已走出了十几位大、中专学生。

→ 好儿子·好父亲

★★★★★

"自古贫寒出孝子。"方永刚是个孝子。

每次回老家探亲，方永刚什么都想带，旧军装、旧电器、旧杂志、儿子玩过的玩具，甚至于大米、白面。回天燕笑他："你这不是在搬家吧？"方永刚说："许多东西城里人看不上眼，可在农村金贵着呢！就说这大米吧，记得小时候，春节还不定能吃上一顿呢。"有次从北京转车，方永刚见商店里卖的一种凉粉好吃又便宜，连忙买了几袋，说要带回去孝敬老人。到了家，那几袋凉粉却不见了，方永刚好生奇怪，回天燕也觉得纳闷，她再把提包翻了一遍，嗨，一路颠簸，那几袋凉粉早被压碎，连汤都流光了。

结婚前，方永刚每月的工资不到 100 元，他却每个月给父母寄去 70 元。

也是在结婚前，方永刚的母亲来大连看病。有一天，回天燕去看望老人。一进门，她禁不住被眼前的一幕愣住了：只见老人坐在小马扎上，地上摆着一盆热水，方永刚单膝跪地，正全神贯注在为老人洗头……

结婚后，母亲经常来大连治病，每回母亲一来，方永刚便交代回天燕，老人牙不好，做饭要多添点水，菜要炒得烂些。一天，吃红烧排骨，老人夹起一块排骨，在嘴里嚼了几口，嫌硬，又吐出来，放在方永刚碗里，方永刚毫不嫌弃，夹起排骨，又有滋有味地嚼了起来。晚上，回天燕对他说："永刚，你也太那个点了，咱们家还不至于穷到那种地步吧，妈妈嚼过的骨头，你还舍不得扔，接着啃，多不卫生？"方永刚像是自言自语："我们那个地方，有个习俗，孩子小的时候，妈妈要把食物嚼碎了喂孩子，谁也没有想过卫生不卫生。现在妈妈老了，我能嫌弃她不卫生吗？如果我把妈妈嚼过的那块骨头给扔了，那会多伤老人家的心！"

方永刚常挂在嘴边的一句话是："一个人，连对自己的父母都没孝心，哪还谈得上对祖国、对人民的忠诚？"

1993年，母亲病故。当时，兄弟姐妹都已经分家。方永刚怕父亲一个人生活不方便，就把他接来同自己一起住。过了半个月，老人想回家，说在这里你们一上班，自己连个说话的人都没有，不习惯。方永刚想想也是，老人也得有交流。他立即帮老人找到一个看门、打扫卫生的活儿。每天他上班，老人也上班，有活儿干，老人不觉得寂寞了。

1999年，父亲不幸得了脑血栓，行动不便。只要天气好，方永刚下午上班前，第一件事是先将老人扶到楼下一个修车铺旁，老人既可以晒晒太阳，也有个说话的伴儿。4点多，课间休息，他又紧往家里跑，把老人扶回屋里。

而每到星期六下午，在海军大连政治艇学院家属院通往浴池的路上，还可以看到这样一道"景观"：方永刚小心翼翼地扶着老人，小方舟提着洗浴用品跟在一边，他们是陪老人去洗澡的。

方永刚对自己的生活有些大大咧咧，但照顾老人却是格外地细心。

回天燕娘家的东北侧有一家化工厂，每当刮西南风时，化工厂排出的废气就会随风飘进来，回天燕患有哮喘病的母亲，就会感到呼吸困难。所以，只要一刮西南风，方永刚就会对妻子说："赶紧回家看看，窗户关了没有，老人的药还有没有？"

在老人面前，方永刚是个好儿子；在儿子面前，方永刚又是个好父亲。

回天燕说了一个挺有趣的细节：小时候，方舟与父母一起睡，每天早晨醒来时，她发现儿子的脸总是朝着父亲一侧。小家伙与他父亲特别有感情。

别看方舟现在长得壮壮实实的，小时候，三天两头地感冒咳嗽。方永刚听说游泳特别有利于儿童的健康，他决定教儿子游泳。可是，当时方永刚自己还是"旱鸭子"。为了学会游泳，不知喝了多少口海水。他自己会了，又教会了儿子。每年从 5 月到 10 月，他都带儿子到大海里游泳。每次游泳刚下海，他说："儿子，咱们今天游 1000 米怎么样？"方舟回答："没问题。"游了快 1000 米了，快到岸边了，方永刚又说："儿子，咱们再加 100 米怎么样？"方舟大口大口喘着粗气："老爸，我实在游不动了……"方永刚鼓励他："儿子，你就当作现在海里有一只大鲨鱼在追着你，你要不游，马上就可能被鲨鱼吃了，快游！"儿子不得不拼命划动着手臂，待他们回到岸上时，方舟差不多累瘫了。几年下来，方舟的身子骨结实了；同时，游泳也让他磨炼了意志。

方舟上幼儿园时，方永刚买来一张中国地图、一张世界地图贴在墙上。每当电视台播送天气预报时，方永刚便把儿子带到中国地图前，告诉他哪个城市是哪个省的省会，哪个省在哪个位置，这个省（区）的地理、气候、交通、物产等情况。几年下来，儿子等于上了一门中国地理课。儿子上小学后，方永刚又让他熟悉世界地图，了解简单的世界地理。

方舟每天放学回家第一件事便是做作业，晚饭后，预习第二天的功课，临睡前，他会专心阅读完《环球时报》与《参考消息》。这两份报纸，在儿子上初中时，方永刚就给他订阅了，已经三年，对于一个中学生来说，看这类报纸似乎早了些。但方永刚就是要从小就培养儿子对国际、国内时政的兴趣，开阔儿子的视野，养成热爱学习、关心国家大事的好习惯。

这也是方永刚提升儿子道德品质的一个内容。方永刚认为，良好的道德修养要从学习中培养，在丰厚的知识底蕴中凝聚。而这又是将来成为国家有用之材的基础工程。

有人问方舟："你爸爸是搞创新理论研究的，你们家是不是整天被浓烈的政治空气笼罩着？"

方舟笑了："爸爸是我的爸爸，也是我的老师和朋友。我们在一起的话题更多的是探讨国际局势、科学奥秘，甚至于动物世界、武器装备和NBA。我们在一起还可以争论。爸爸做事情总是有的放矢，讲课也是分别不同对象，像我这样的中学生，讲到'三个代表'，他只是告诉我'三个代表'的具体内容，比如'三个代表'有一条代表最广大人民的根本利益。他就跟我说，共产党是靠人民立起来的，共产党反过来就要反哺人民，如果不能把最广大人民的利益照顾好的话，那么共产党就不会得到人民大众的拥护和支持。他不会再讲更深奥的理论问题，因为讲深了我也听不明白。"

"近朱者赤。"经过这么多年的熏陶，方舟显得比一般孩子都成熟，思维也非常开阔活跃。父子俩经常在一起探讨国际局势、动物世界、科学奥秘、武器装备等一些共同感兴趣的话题。

最初，妻子回天燕以为方永刚想培养儿子将来从政，便责怪丈夫说："像你这样整天搞政治理论有什么好，没钱没权的。"

方永刚说："儿子将来干什么，由他自己决定，但无论干什么，他首先要做人。做人，就要以德立身，做一个对国家、对人民、对社会有责任感的人。"

文化程度不高的妻子似乎还不太明白，而身为古汉语学副教授的岳父回俊才对女婿却大加赞赏："古语说：'德教者，兴平之粱肉也。'意思是，德教是国家兴盛的美食。永刚从小对方舟进行道德教育,很有眼光啊!"

方永刚又进一步开导妻子:"有钱有权不一定能享受到真正的快乐。结婚那时我们生活比较苦,住一间房,借锅碗瓢盆过日子,可每天都是快快乐乐的。为什么?因为我们觉得当时比过去还是强多了,比农村的亲人强多了,最起码在城里落了户。现在住上三室一厅的团职房反而还觉得小,还不快乐,是因为眼睛往高处比了。老祖宗讲'德比于上,欲比于下',到今天这句话也不过时啊!"

方永刚的一番"齐家观"让妻子服了。

➔ 感恩与使命

★★★★★

"像一座大山突然间就要倒了一样!"回天燕这样形容刚得悉方永刚检查结果时的感觉。

2006年11月17日,方永刚上了手术台。回天燕心如刀割,一直在谴责自己,没有照顾好丈夫。这两年,方永刚好几次肚子疼、腹泻,回天燕让他去医院查查,他总是说忙,总是抽不出时间……其实,他是在透支自己的生命啊!如果早一年,哪怕早半年发现病情,也将好得多。

手术前,回天燕不敢告诉他得了癌症;手术后,她还是不敢把真情告诉他，怕他经受不住如此沉重的打击。但是，术后必须做化疗，这一化疗，不等于把一切都告诉他了吗？

化疗前一天，科主任来查房，对方永刚说："方教授，你还得做后续治疗，因为你的体内还有'不法分子'，咱们必须消灭它！"

这话已经挑得够明白了，可方永刚一点反应也没有，反倒说："主任，到了这里，我就是你的兵，我一定听从你的指挥，勇敢去战斗！"

回天燕在一旁直想掉泪，她在心里说："永刚啊永刚，平时你是那么的敏感，领导的一次讲话，报纸上的一条消息，你都会从中发现新的信息。可现在你对自己的病情，是如此的迟钝，都到这时候了，怎么还一点都没有察觉？"

做完第一次化疗，方永刚向医院请假回家住几天，他要与儿子亲热亲热。他不顾回天燕的阻挠，硬是下厨房炒了几个菜，平时在家他做饭炒菜多，他说儿子喜欢吃他炒的菜。

回医院的前一夜，靠在床头，他拉过回天燕的手，深情地注视着她，片刻，平静地说："天燕，我想告诉你一件事，你一定要挺住。你知道吗？我得的是癌症，还是中晚期。"

回天燕心里一震：他还是都知道了……她拼命地咬住自己的嘴唇，不让泪水流出来。

方永刚拍了拍回天燕的肩膀，轻轻地说："你放心，我一定能渡过这个难关，我们家也一定能渡过这个难关！"

回天燕不知道丈夫是怎么得知这一消息的，但她知道丈夫已经坦然接受了这一严峻而又残酷的现实——他是个男人！是个坚强的军人！

手术后没几天，方永刚做的第一件事是开了张书单，让妻子回家取书，他准备为研究生做论文开题辅导。刚从重症监护室搬回病房，他就把三个研究生叫来，为他们上课。

回天燕急了，刚唠叨了两句，方永刚火了："你不要动摇军心！我肚子有病，脑子没问题，嘴没问题！"更让回天燕接受不了的是，刚做完第二次化疗,他居然要去给政治系国防生讲授"新世纪新阶段我军历史使命"课。回天燕担忧地劝他:"你现在这种状况,不能不去吗?"他说:"这是住院前就定下来的事,军人不能违约。"见说服不了他,回天燕只好答应了。她知道方永刚的脾气,一站在讲台上就会激情澎湃,一再叮嘱他压缩课时。但讲完课回来,她发现方永刚的内衣内裤全被汗水湿透了。

像所有癌症病人的家属一样,回天燕焦虑过、抑郁过、绝望过……为了挽救丈夫的生命,她四处求医问药,恨不得把所有的药都让丈夫吃一遍,她甚至悄悄跑去烧香拜佛。这事让方永刚知道了,一脸严肃的方永刚把她好一顿责备:"天燕,你堂堂一个老师,怎么能干这样的事?你这不掉我的价吗?我是一名共产党员,是一名党的理论工作者,我唯一的信仰是马克思主义!"回天燕被说得满脸羞红。

自己患了重病之后,方永刚反倒经常开导回天燕要开朗、要乐观。只要见回天燕皱着眉头,方永刚就要说:"怎么,又有什么忧闷的?你看,窗外的阳光多灿烂!你啊,你总是一个悲观主义者,而我,永远是一个乐观主义者——我这么一个有活力的人,怎么就感染不了你?"

他对一旁的方舟说:"儿子啊,爸爸不会这么快就离开你们的,爸爸要看到你娶妻生子,把你的孩子培养成像你这样有出息……"

方舟乐了:"老爸,说话算数!"

方永刚拉着儿子的手:"军人说话,从来算数。"

正月初三,刚刚从甘肃视察回京的胡锦涛总书记,到医院看望了方永刚,令他们全家既意外又感动。

最感到遗憾和后悔的是回天燕,当总书记与方永刚亲切交谈时,她想了许多要对总书记说的话,可一激动,却连一句感谢的话都没说出来。

夜里,方永刚辗转反侧。回天燕轻声问道:"你在想什么?"

方永刚索性扭亮了床头灯,坐了起来,动情地说:"天燕,自打住院以来,我一直沉浸在一种被关爱的幸福之中。各级领导同志的关怀,同事学生、亲朋好友的照顾,还有那些我根本就不认识的好心人,那天来医院送偏方

△ 记者们在采访过程中感动地为方永刚留言。

的那位退休老人，专门送饺子来的大娘，人家不过就因为听了我的一次讲课。总书记日理万机，还抽时间来看我。这会儿我想的就是两个词：感恩与使命。"

从小就懂得感恩的农民儿子方永刚，此时，对感恩有了新的感悟。

一直勤奋工作在党的理论战线上的方永刚，此时，想的还是自己的使命。

→ 真挚细腻饱含大爱

★★★★★

方舟至今仍保存着一张 14 年前爸爸为他画的图画。

1993 年夏天，方永刚到上海参加函授。这期间，他给妻子回天燕写了一封信，信中夹着一幅方永刚为不识字的小方舟画的画。画上，蓝天白云下，一艘船在大海上航行；船艏坐着一个儿童，在挥着手。旁边还附上一句："方舟，你想爸爸了吗？"回天燕把画的意思讲给儿子听。儿子只能明白出远门的爸爸在想他，而回天燕却体会很深，平时忙起来连家也顾不上、常常冷落自己的丈夫，其实他的情感十分细腻。她将那幅画折好揣在心头，不由得泪眼婆娑。

教学、科研、宣传，使得方永刚平时十分忙碌，很少有时间陪妻子上街、逛商场。对此，妻子回天燕虽然常有抱怨，但也无可奈何。一次，方永刚加班搞课题研究，回天燕见他很疲惫，就给他送点饮料和水果到书房，并在埋身钻研理论的丈夫身边站了一会儿，想和他说说话儿。这时，方永刚头也不抬地说："出去、出去，这里不是你待的地方。"

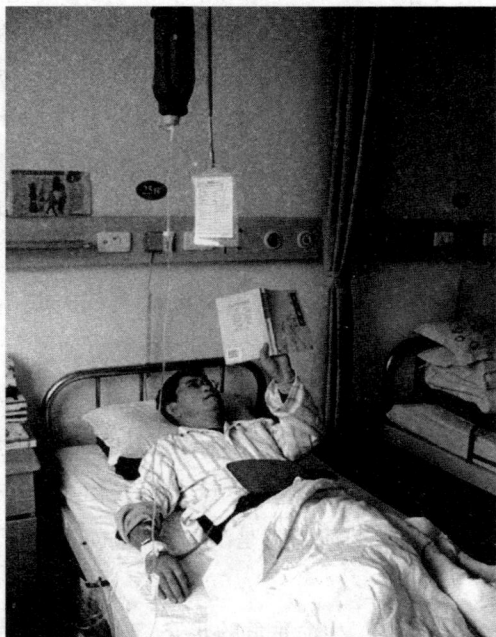

△ 方永刚在病床上还在认真看书学习。

面对丈夫的"不领情"，回天燕很生气，随即便与方永刚吵了起来。她哪里能辩过丈夫？争辩不过的回天燕，气得直跺脚："下辈子找个哑巴算了！"尽管客厅里放着大电视，喜欢看连续剧的回天燕，还是常常被"撵"回自己的房间。儿子说"声音大影响做作业"；丈夫说"动静大影响写文章"。没办法，回天燕只好买了台小电视，放在卧室里。

回忆起 20 年的家庭生活，回天燕说，她与方永刚之间磕磕碰碰是常有的事，有时甚至气得直掉眼泪；还未懂事的孩子也很"害怕"父亲。但尽管吵过闹过，方永刚对家庭的爱却在"吵吵闹闹"的背后无限延续着：

妻子分娩时，连续几天加班加点工作的方永刚，深夜起来炖鸡汤为妻子补身子；妻子两次生病住院，方永刚都始终陪护在身边，照顾得无微不至……

方永刚患癌症后手术不久，问妻子自己得的是什么病。回天燕不敢看他，低头整理东西，故作轻松地回答："医生说是结肠溃疡。"方永刚听后故意笑着说："没什么大问题嘛！那就你别担心啊！"后来，医生通知方永刚第一次化疗。完事后，方永刚告诉回天燕："其实，检查结果一出来我就知道了。我怕你受不了，为我担心，就一直想瞒着你。"回天燕一听，一把搂住方永刚痛哭。方永刚轻轻地抚摸着妻子的头发，安慰她说："别这样。咱们还有儿子方舟呢，不能让他知道。他知道了一分心可就耽误学业了。"

不仅仅对妻儿充满柔情，方永刚对父母更是一片孝心。2007年2月，解放军210医院干部病房里，躺在病床上的方永刚含泪对记者说："如果说我这辈子有遗憾，最大的遗憾就是没有学医，如果学了医，我就可能延长父母的生命。"

这是一个身患绝症、生命垂危的儿子，对早已逝去的父母的深切愧疚。这也是一名性格坚强的中国军人，在伤感时刻的真情流露。

方永刚并不是一个流连于儿女情长的人，他执着于他所热爱的事业，为了研究和传播党的创新理论，他可以投入全部的青春和热血，但他也不是一个只知道工作的人，他有着自己的生活情趣，他把一个男人的亲情和一名军人的柔情，全部奉献给了他深爱着的亲人、学生以及普通群众。

党的理论工作者的光荣

➝ 领袖的牵挂

★★★★★

2007 年的这个春天，方永刚特别难忘。沐浴着温暖的春风，与病魔抗争中的方永刚深切感受到作为党和军队一名理论工作者的光荣和幸福。

2 月 20 日，农历大年初三。下午 3 点 30 分，中共中央总书记、国家主席、中央军委主席胡锦涛来到解放军总医院，看望正在这里接受治疗的方永刚。

1 月 24 日，胡锦涛在一份内部材料上了解到方永刚的事迹和病情后，当即做出批示："要全力挽救方永刚同志的生命。要认真总结、宣传他的先进事迹。"

方永刚的病情，让胡锦涛一直牵挂在心。

走进摆满鲜花的病房，胡锦涛热情地朝病榻上的方永刚伸出双手。刚刚做完化疗，半躺在病床上的方永刚连忙用力想坐起来。胡锦涛快步上前，握住他的手，连声说："快躺下、快躺下。"

坐在方永刚身边，胡锦涛亲切地说："今天是大年初三，我特地来看你，向你和你的家人致以新春的问候！"方永刚激动地说："谢谢胡主席！"

胡锦涛说："我看了你的事迹介绍，很受感动。你长期在军队院校从事政治理论教学和研究工作，为发展军队教育事业，为宣传党的创新理论，做出了优异成绩。你不仅深入学习党的理论，坚定信仰党的理论，积极传播党的理论，而且用自己的实际行动模范践行党的理论。从你的身上，我们看到了共产党员的高度政治觉悟，看到了优秀教师的高尚师德师风。广大共产党员、全军官兵都要向你学习。"

胡锦涛亲切地说："听到你患病的消息，我很牵挂。"方永刚十分激动："您日理万机，昨天还在甘肃，对基层群众问寒问暖，今天就来医院看我。您的到来，为我战胜疾病增添了无穷的力量！"

阳光洒满病房。摆放在阳台正中的一盆"南国红"开得正艳。这盆由中央军委领导送来的鲜花，方永刚十分喜爱。他说生命力旺盛的"南国红"，是自己在各级领导的关心下，与病魔顽强抗争的象征。

从事理论研究教学 20 多年来，他真情传播党的创新理论，真诚实践党的创新理论，即使在重病缠身的情况下，仍执意为部队官兵和地方干部群众宣讲十六届六中全会精神，始终保持着一位理论战士的昂扬姿态。他的先进事迹和崇高精神在军地引起强烈反响。

就在胡锦涛在内部材料上做出批示的同一天，中共中央政治局常委李长春批示指出，要宣传思想政治理论工作者的模范事迹。

中共中央政治局委员、中央书记处书记、中宣部部长刘云山，中共中央政治局委员、中央军委副主席郭伯雄，中共中央政治局委员、中央军委副主席、国务委员兼国防部长曹刚川，中共中央书记处书记、中央军委副主席徐才厚，以及中央军委委员、总政治部主任李继耐，中央军委委员、总后勤部部长廖锡龙等，也分别对救治、宣传方永刚提出明确要求。

遵照胡锦涛等领导同志的指示精神，1 月 26 日，总后勤部有关部门领导带领专家前往对方永刚进行前期治疗的大连解放军 210 医院，研究、指导救治工作；解放军总医院和第三、第四军医大学的专家，对方永刚的病情进行了远程会诊。2 月 1 日，海军派专机将方永刚从大连接到北京解放军总医院……

△ 中共中央政治局委员、中央军委副主席郭伯雄，中共中央书记处书记、中央军委副主席徐才厚等领导在海军胡彦林政委陪同下亲切会见报告团成员。

在与病魔抗争的日子里，方永刚时时都能感受到各级领导同志无微不至的关怀。他在病房日记中写道："辛苦之后是快乐，付出之后是幸福。"

此时此刻，望着胡锦涛关切的目光，方永刚动情地说："我是一个普通教员，胡主席这么关心和厚爱我，这份荣誉不是我个人的，它应当属于所有党的思想政治理论工作者，属于全军广大指战员！"

在向胡锦涛汇报学习研究宣传党的创新理论的体会和感悟时，方永刚兴致盎然，全然忘记了自己是身患癌症的病人："党的十七大今年将胜利召开，我希望自己尽早跳下病床，奔向我最喜爱的三尺讲台，继续研究宣传党的创新理论，投入到宣讲十七大精神的工作中去。"

胡锦涛握着方永刚的手，叮嘱道："现在我对你的要求只有一个，安心养病，早日康复！"方永刚坚定地回答：“请主席放心，我一定尽快地康复起来，因为我是一名战士！"

胡锦涛绕过床头，走到方永刚的妻子回天燕面前，和她亲切握手，又转身对方永刚上高中二年级的儿子方舟说：“你有一个好父亲。从他身上，我们看到了一个共产党员的本色，看到了人民军队战士的品格。希望你任何时候都要有坚定的理想信念，从年轻的时候就要把它树立起来。"方舟懂事地说：“我一定好好学习，向爸爸的标准看齐，将来为国家多做贡献。"

看望结束前，胡锦涛对陪同看望的海军司令员吴胜利、政委胡彦林说：“方永刚是一名共产党员，是人民军队的一名战士，我们关心他、爱护他，就是关心爱护党和军队的事业！"

→ 党和人民的褒奖

★★★★★

党旗招展，长城巍巍，山花烂漫，朝阳如火……

北京，人民大会堂——表达亿万人民群众心声的神圣殿堂。

2007年4月13日上午9点，人民大会堂多媒体大屏幕上，出现了一幅幅激动人心的画面。由中宣部、教育部、解放军总政治部联合举办的方永刚同志先进事迹报告会，在鲜花、党旗的映衬下，在雄壮的国歌声中拉开帷幕。

会前，大家纷纷打听："方永刚能出席吗？"

随着主持人宣读报告人名单，方永刚第一个走上主席台。雷鸣般的掌声，在礼堂回响了足有一分钟。

与他过去为人民群众和部队官兵所做1000多场报告时一样，今天的方永刚，依然精神饱满，激情四溢。

站在人民大会堂高高的讲台上，面对中央国家机关党员干部、专家学者、面对三军和武警部队的百名将军，面对首都高校的莘莘学子，病中的方永刚，依然用他饱满的激情举起右手，一个庄严的军礼承载着他对党和人民的庄严承诺：让生命为太阳底下最壮丽的事业燃烧！

伟大的理论需要忠诚的传播者。

白山黑水，高山海岛，留下他传播的足迹；机关厂矿、军营学校、街道社区、农村乡镇，留下他宣讲的声音。作为一名党的理论工作者，方永刚传播理论的受众达40多万人次，他用心搭建了理论与实践的桥梁，党与群众的桥梁。

"大众学者"、"平民理论家"、"政治翻译"，这是人民群众对方永刚的褒奖。

现代化新城欣欣向荣，繁荣渔村樱桃漫山遍野……随着大屏幕一幅幅城乡和谐发展的美好画面出现，带着600万大连人民对方永刚真挚感情的报告团成员、大连市委宣传部副部长王卫，介绍方永刚自2003年受聘于大连市委讲师团以来，在机关、企业、街道、社区讲课440余场的经历。他充满感情地说："人民群众是多么热切地需要党的创新理论！人民群众欢迎方永刚，其实就是欢迎党的创新理论！"当他讲述有人为听方教授的课到领导那里"走后门"，一位老人为听方教授的课让子女用担架抬他到会

△ 导师们说，这些获奖的证书、奖牌的背后是永刚付出的辛勤啊！

场等一幕幕情景时，台下一片静谧。

当沈阳军区联勤部干部王治元讲述他们的"客座教授"方永刚多次被官兵要求"返场"再讲的情景时，台下听众也被带到了火爆的现场，随即，掌声如潮似涌。

伴着激昂的军歌，一支威武雄壮的学员方队出现在大屏幕上。当方永刚的学生、大连舰艇学院学员丁锦方讲述方教授刚动完手术、身上插着引流管仍坚持为他们上完学期所有课程时，现场每一位听众都被深深震撼着。他回忆起方教授住院前为他们上的最后一课，动情地说："从小学到大学，我听过无数次课，没有哪一堂课比这次更刻骨铭心。因为这令人难忘的一课，是激情与真理的交响，是忠诚对信仰的诠释，更是生命对使命的承诺！"

"永刚，你是我一生的骄傲！"当回天燕叙述丈夫方永刚住院后，心中惦记着他的学生、听众，丢不下他的研究课题，许诺来世再与妻子百年好合时，许多听众泪流满面……"在我的眼里，永刚是一个好军人、好丈夫，也是儿子的好父亲。我理解他、敬重他，也从他身上学到不少道理，不断地充实着自己……"当她深情地回忆起当初与丈夫"执子之手，与子偕老"的爱情之约时，台下听众无不为之感动。

方永刚——在这个春天，人民大会堂如春潮般的掌声为你而响起。

报告团成员、海军大连舰艇学院政委罗挺少将从一本被方永刚翻烂的《邓小平文选》说起，介绍了方永刚深入学习、坚定信仰、积极传播、模范践行党的创新理论的感人事迹。他说："44岁人生历程，22年教学生涯，年均200%完成教学任务，辅导讲课1000多场次，8项国家和军队重点科研项目，13部专著，100多篇学术论文，39本奖励证书。这些成果，凝结着一个理论战士与时代同步、与真理同行所付出的心血与不懈追求！这就是

△ 3月13日，中宣部在北京召开中央新闻单位方永刚事迹宣传协调会，协调部署方永刚典型宣传。

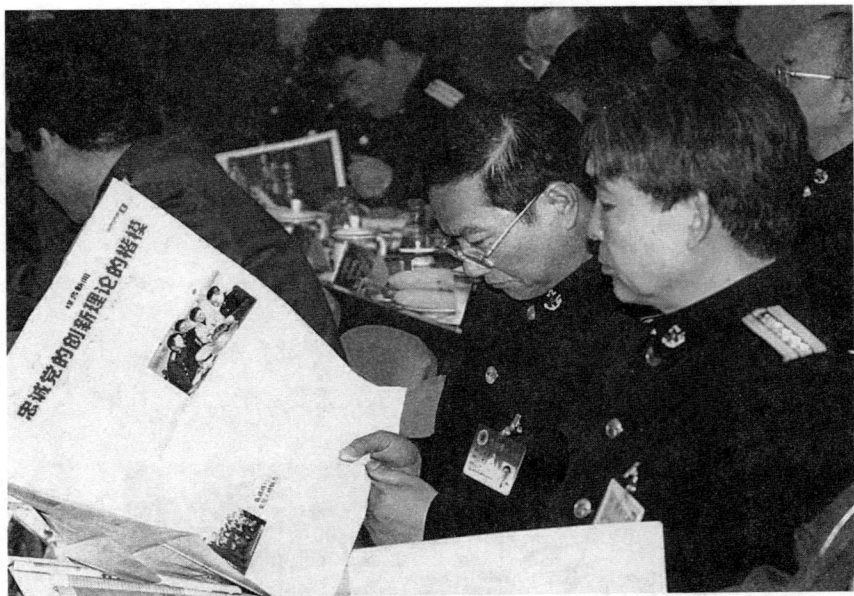

△ 人们被方永刚的事迹深深吸引。

忠诚党的创新理论的楷模方永刚！"罗挺少将铿锵有力的声音，在红星映照下的人民大会堂久久回荡。

春天的鲜花为英雄绽放，激动的泪水为英雄流淌。

座无虚席的礼堂时而掌声如潮，时而静寂无声，听众的心灵随着报告团成员的娓娓讲述澎湃激荡。来自清华大学的黄华同学听完报告后表示，要像方永刚一样，把个人的前途命运与国家和民族振兴紧紧联系在一起，用青春、智慧和热血报效我们伟大的祖国！

"方永刚是我党思想理论战线的一面旗帜。他勤奋好学、与时俱进的探索精神，将激励广大共产党员在建设学习型政党、学习型社会中始终走在时代前列。"几次掏出纸巾擦拭泪水的中国马克思主义理论研究和建设工程专家葛洪泽在接受采访时说："作为一个癌症患者，方永刚许下的'四季之约'，让我看到了一个真正的共产党员。"

时任海军装备部政治委员的王登平说："我们要以方永刚为榜样，模范践行党的创新理论，知行统一，始终保持昂扬向上的精神状态，立足本职，爱岗敬业，勤勉工作，为有效履行新世纪新阶段我军历史使命贡献力量。"

"方永刚精神突出体现在一个'真'字上。"北京军区某团副团长魏泽旭表示，"作为一名军人，就要真学、

△ 切磋采访体会，认真探讨方永刚先进事迹的思想内涵。

△ 在记者面前谈起方永刚，老教授们满怀深情，滔滔不绝。

真练、真准备，确保一声令下，随时能打赢。"

"方永刚的理论课为什么那样吸引人？"空军某部政治处主任王岩中认为，"我们每一名政工干部都应当像方教授那样，用真情和心血架起党的创新理论联系官兵的桥梁。"

"方永刚是时代的楷模，更是我们青年一代的楷模。"首都师范大学马克思主义教育学院研究生王晖说："我为方教授高尚的职业操守所感动，为党的创新理论的巨大魅力所激动，为成为方教授这样的理论工作者而心动。我要像方教授那样，把我生命中最美好的时光，最好的精力，最佳的状态，都用在研究传播党的创新理论上。"

赞誉、感悟、深思……句句话语表达着一个共同的心声：像方永刚那样，万众一心与真理同行！

雄壮激昂的《国歌》奏响后，6名女青年为方永刚等报告团成员献上了这个春天最美丽的鲜花。

人们怀着感动走出会场，人民大会堂外春色正浓，阳光灿烂……

永远冲锋的战士

★★★★★

2008 年 3 月 25 日 22 时 08 分，解放军总医院南楼消化内科洁白的 8 号病房里，45 岁的方永刚在初春的静夜里永远地睡着了。

这是方永刚在北京入院治疗的第 419 天。枕旁的书翻开着，笔记本电脑也没有合上，它们的主人仿佛未曾离开。

他，不是默默地离开。即使被确诊为癌症晚期后，他仍在病榻上坚持研究和传播党的创新理论。在生命最后日子里的每一天，他都过得充实乐观、激情澎湃。

他，走得没有悔憾。方永刚生前曾多次说，能够在他深深信仰和热爱的事业中履行自己的使命，是人生之幸。并不是所有人都愿意选择并能承担起这样的使命，而方永刚的一生，都与之紧紧相连。

他，走不出人们的记忆。在辽西大地上，数以万计曾经听过方永刚讲课的听众怀念着那个带上一杯白开水、一条白毛巾就开讲，把理论讲得像故事

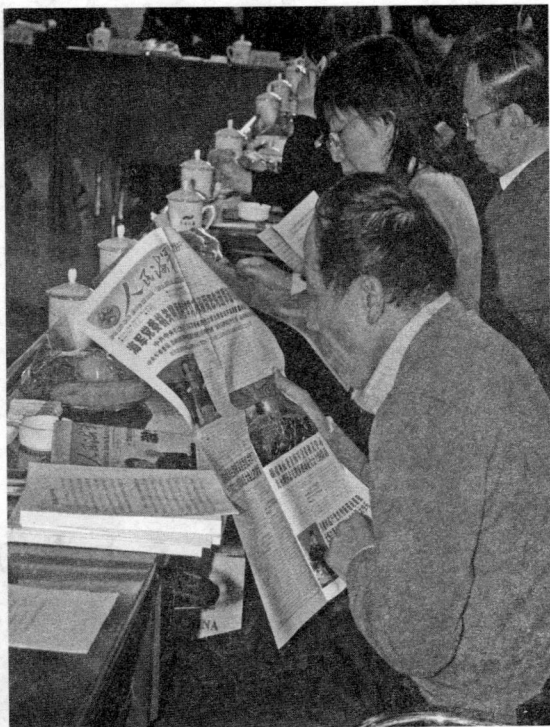

▷ 《人民海军》报率先强势推出方永刚先进事迹报道后，引起军地媒体的浓厚兴趣。这是中央媒体记者在阅读《人民海军》报有关方永刚事迹报道。

一样好听的"科普专家"、"平民教授"。更多的人，记住了这位把生命永远保持在冲锋姿态的军人……

进入病房与方永刚做最后诀别的人们，看到了病床一侧的书桌上鲜红的国旗和党旗。

如同这旗帜夺目的色彩，一个把自己的一切献给党、献给人民的共产党员，生也灿烂，死也灿烂！

要去西藏，要回大连，这是半昏迷中的方永刚多次说过的话。当妻子问他去那里干什么，方永刚声音模糊地回答说，去西藏再看看祖国的大好河山，回大连给学生上课，好多人在等着我……

方永刚走了，没有来得及兑现新一轮的约定，没有来得及再次走上魂牵梦萦的讲台。

但，懂他的人知道，他是幸福地离开的。与真理同行的幸福感，伴他走过短暂而精彩的人生，伴他走完了生命中最后的日子。

方永刚离开了我们。离开时，他住过的那间病房窗台上的鲜花还没有凋谢。人们宁可相信，他是在安然入睡。在他的梦境里，依然洒满温暖的阳光……

→ 春天里的追思

★★★★★

春雨淅沥，松柏滴翠。

2008 年 3 月 29 日上午，1000 多名部队官兵和各界干部群众来到北京八宝山公墓，为方永刚送行。

3 月 26 日，中共中央总书记、国家主席、中央军委主席胡锦涛得知方永刚逝世后，表示了深切的悼念，并向方永刚的妻子回天燕等亲属表示诚挚的慰问。

连日来，社会各界纷纷举行各种追思活动，深切缅怀这位把自己短暂的一生献给党的创新理论传播事业的"大众学者"、"平民教授"。

设在海军礼堂的吊唁厅，摆放着胡锦涛、李长春、贺国强、郭伯雄、徐才厚以及刘华清、曹刚川等人送的花圈。

中央国家机关、解放军四总部、海军、辽宁省和社会各界群众送的花圈摆满了 500 平方米的吊唁厅，前来吊唁的人络绎不绝。

八宝山公墓东礼堂哀乐低回，方永刚遗体上覆盖着鲜红的党旗。中共中央政治局委员、中央军委副主席郭伯雄、徐才厚代表胡锦涛主席为方永刚送行。前来送行的还有中央军委委员梁光烈、陈炳德、李继耐、廖锡龙、常万全、吴胜利。中央军委委员靖志远、许其亮送了花圈。

"我和春天有约，春暖花开的时候……"许多人耳畔再次响起方永刚的"四季之约"。伴着潇潇细雨，人们思绪和着春风绵绵不尽……

大连市委讲师团团长王卫来了，他带来了全市 600 万人民对方永刚的深切怀念。在过去 5 年时间里，方永刚深入大连市街道社区、乡镇农村，做了 440 多场理论辅导报告，为大连人民建设小康社会，构建和谐大连增添了信心和力量。在方永刚遗体前，王卫泪流满面，泣不成声："永刚，老虎滩干休所的莫洪发大爷、台山西村肖淑琴大妈、救助管理站的侯玉玺站长……托我来看望你，我代表他们给你鞠躬了……"

沈阳军区联勤部副政委隗学军来了，他带来了边海防官兵对方永刚的不尽哀思，带来了官兵们学习方永刚躬身践行党的创新理论的铮铮誓言。官兵们忘不了他们的"客座教授"，不顾高烧发热、喉咙嘶哑，不分白天夜晚，在白山黑水的连队、边防海岛的哨所为大家上课的场景。得知方永刚逝世的消息后，驻大兴安岭边防某部一级士官王伦哽咽着说："我多想再听一次方教授的课，再看一眼方教授啊！"

方永刚的学生郑晓东来了，他失声痛哭："导师，您为学生耗尽了心血。"2008 年元旦，方永刚发给郑晓东一条祝福短信："学生是我生命和事业延续的标志，努力吧！祝你新年快乐！"1 月 21 日，方永刚病情危重，但仍在病床上一字一句为郑晓东修改论文，4 天后就昏迷不醒……郑晓东把这条短信设置为永久保存。老师的深情嘱托，更加坚定了他做一名党的理论工作者的决心……

△ 记者们及时拍下动人的镜头。

一年来，方永刚的事迹和精神一直感动和激励着工作在不同岗位的人们。2007年4月，河南省伊川县鸣皋乡沿村村民刘光伟从媒体上看到方永刚的事迹后，随即向村党支部递交了入党申请书。3月26日，他得知方永刚逝世后，难过得一宿没睡好。第二天他给在广州打工的女儿刘晓格打电话，让女儿在网上灵堂替自己给方教授献上一束花，表达哀思之情。

广州市志欣文具店职员范意武在悼念方永刚的留言中写道："方教授，您像烛光一样，燃烧了自己，照亮了我们的前程，今天您离我们而去，一路走好。"首都师范大学06级学生胡文娟在留言簿上写道："请相信我们能接过您的火炬，承受您的信任和重托，不懈追求真理！"

方永刚逝世的消息传到他生前工作的海军大连舰艇学院，全院师生沉浸在一片悲痛中。3月26日一大早，师生们自发来到方永刚先进事迹展厅，在方永刚的遗像前献上一束束菊花，寄托哀思。200多名学员在展厅列队，重温入党誓词；100多名即将毕业的硕士、博士研究生学员在留言簿上写下他们的共同誓言：学习方教授，一生忠于党，建功万里海疆，报效伟大祖国。

复旦大学校园网"复旦铭记方永刚"网页上，许多师生跟帖表示"哀悼"、"致敬"、"追思"之情。校团委、学生会、邓小平理论研究会通过主题团日、班会、座谈会等形式，再次掀起学习校友方永刚的高潮。师生们还

△ 记者们找到曾经聆听过方永刚讲课的群众深入采访。

自发加入《情牵永刚》一书的编纂出版工作。研究生工作部部长周立志说："方永刚一生致力于传播党的创新理论，他的事迹让我们更真切地感受到了党的创新理论的巨大魅力，更加坚定了我们用党的创新理论武装头脑的信念。"

生如夏花之绚烂，死如秋叶之静美。连日来，新华网、人民网等网站纷纷推出悼念方永刚的专题。3月26日，新华网推出"生命的楷模"专题后，半天内点击量就超过35万。一位教师留言说，每当读到方永刚"我能舍弃我的生命，但不能舍弃我的事业；我不惧怕癌症，但我害怕离开我最钟爱的三尺讲台"的这段话，都会情不自禁落下眼泪。有网民留言，生命的停止没有人能阻止，但光辉的人格永远长存。一些网民通过写挽联、赋诗等方式表达了对方永刚的哀悼和缅怀。

中国青年政治学院马克思主义学院常务副院长陆玉林教授说，一个有科学信仰的人是真正有力量的人，一个为信仰奋斗和献身的人，他的人生追求必定坚定而无畏，他的人生品质一定会因此得到升华，他的生命宽度也一定会因此而得到拓展。方永刚教授虽然走了，但他的精神永存，将永远激励理论工作者高举中国特色社会主义伟大旗帜不懈奋斗。

从2007年春天到2008年春天，"方永刚"三个字点燃了一场关于信仰、关于时代精神的大讨论。

忠诚、执着、激情、奉献、责任……从方永刚的人生故事里，人们为各自的心灵寻找着答案。

《求是》杂志编辑王传志说，每一位理论工作者都应像方永刚一样，具有认真学习、刻苦钻研的探索精神，坚定信仰、忠于理想的执着精神，不辱使命、甘于奉献的献身精神，热爱岗位、精于业务的敬业精神。理论工作者只有具备这些素质，才能把党的思想理论宣传工作做得更有成效。

北京大学青年学生在致方永刚的一封信中写道："我们也遇到过困惑，遭受过挫折，也曾经徘徊过、犹豫过。今天，您的亲身经历，您的一言一行，犹如春风化雨浇灌我们心田……在我们即将走向社会的重要时刻，我们将学习您坚定理想、忠于信仰的执着精神，为实现中华民族的伟大复兴奋斗终生。"

"忠诚是我们共同的名字。"海军干部孙芳说，"看了方永刚的事迹，我默默思考忠诚的含义。方永刚把三尺讲台作为报效祖国的战场，作为一名技术军官，以临战的姿态、实战的标准，用现代高科技知识、创新的政治与军事理论武装自己，是我最直接和最迫切的任务。"

作家王磊在一首歌中写道："幸福着人民的幸福，忧伤着人民的忧伤，你把真理宣讲，始终屹立在神圣课堂，像你一样，我们都要像你一样！"

"让方永刚成为时代的风尚。"全国模范法官宋鱼水说，"方永刚效应"说明，方永刚的精神体现了时代精神、民族精神，新时代需要无数个方永刚……

人的生命有时无法用时间来衡量。

当"全国道德模范"、"2007感动中国年度人物"的荣誉授予方永刚，当一个个以他的名字命名的理论宣讲小分队行进在传播真理的路上，当再现方永刚事迹的情景报告歌舞剧《忠诚》吸引了一批批很久没有走进剧院的观众，当千万网民在网上纪念馆里追思方永刚……方永刚的生命，何尝不是在延续？

方永刚去世的这个春天，是《共产党宣言》发表 160 周年的日子。没有精力写出思考了很久的一篇文章——《〈共产党宣言〉与中国化马克思主义》，是方永刚生前最大的遗憾。

或许，方永刚这个平凡的马克思主义传播者，已经用行动、用生命书写了这篇不平凡的文章。他把有限的生命，融入到了马克思主义中国化的无限事业之中！

……

方永刚走了。虽说离开了我们，但他把生命定格在冲锋的姿态。

他走了。他从容地走向了生命的终点，可人之故去，痛彻心肺。因为，生命是有力量的。伴着流淌的泪水，人们永远忘不了，忘不了他那踏遍白山黑水的足迹，忘不了他那映照万里海疆的身影，更忘不了他那始终关注着的时代潮声。在人们的心目中，他依旧是风里来，雨里去，心情急迫，脚步匆忙，一如既往地用如火的激情带领着大家去追寻春天的阳光！

他走了。这是他生命价值的一次新的升华，而他留给人们的，绝不仅仅是感动。大言希声，大象无形。面对这位理论战士留给我们的无价瑰宝，让我们做一次肃穆的点阅吧！因为，心潮退去，理智的沙滩上总有比泪珠更持久和永恒的东西在熠熠生辉。

他走了。然而他的音容笑貌，却依然留存在工人、农民、干部、学生、军人以及退休老人的心中。因为，是他让真理之花遍地开放，是他叫真理之光照亮和温暖了千家万户，即便人们不再悲伤，可挥洒不去的哀思也能教会众人什么叫作报效国家和冲锋陷阵。

虽然，现代医学没能留住他的脚步，但他的英名、他的业绩、他的理想和风范将永载史册。

虽然，时间无法让他的生命再次燃烧，但他的忠诚、他的生命、他心爱的三尺讲台，却在太阳底下化作了不朽丰碑。

方永刚走了。他带着对这个世界深深的眷恋走了。走时，他的遗体上覆盖着一面鲜红的党旗，这是一位理论战士的荣耀。他无愧于这份光荣，他属于这面旗帜！因为，人们知道，只有永恒的信仰，才能让一个人面对残酷的命运淡然笑对。

方永刚是个为人们活着的人。因此，他也永远活在人们心中。

附 录

方永刚精彩语录

□我一直把党的创新理论当成自己的灵魂，把传播党的创新理论当成我生命中最重要的一部分，我生命的激情、生活的乐趣都在于此。

□研究和传播党的创新理论就是我人生的最大价值和全部意义。

□如果有一天我的生命之钟停摆了，我愿意把他定格在自己的岗位上，永远保持一个思想理论战线英勇战士的冲锋姿态，让有限的生命为太阳底下最壮丽的事业而燃烧！

□无论我的病是中期还是晚期，我研究党的创新理论永远无期。

□要干。不干，半点马列主义也没有！

□我一上讲台就兴奋，即使只有5分钟的时间，我也能充满激情。

□我认为一个人应该有信仰，没有信仰的人是不幸的人。我的终极追求是马克思主义。我坚信马克思主义，这就是我的信仰，我一向认为我是马克思主义的坚定信仰者。

□如果有一天我倒下了，我最依恋的还是那三尺讲台。

□我是一名政治理论教员，我对我讲的创新理论深信不疑。

□我这人不信宿命，但我信使命。每个人来到这个世界上，都有推脱不掉的使命，我的使命就是为我的学生讲好每一堂课。

□党的创新理论有魅力，我讲课才能有说服力；党的创新理论来自群众，我要通过讲课服务群众；只有对党的创新理论充满感情，讲的课才能让人感动。

□我生活的准则是：我快乐，我还要给别人带来快乐。

□有人说，理论是灰色的，我并不这样认为。我们的理论要来自群众，要指导实践，必须还原到群众的生活中去，为群众所接受、所感受。

□人生在世不在于寿命长短，关键是活得有意义、有质量，能把自己从事的工作当成快乐的事情来做。

□我去讲课是代表党的声音、军队的声音和人民的声音，而不仅仅是我个人的观点，所以我必须把握主旋律。人家请我去讲课，不是让我去散布歪理邪说，散布一家之言，以及让干部群众危言耸听，而是希望通过我的课去解决大家思想上的困惑和心理上的疑问，从而端正大家的思想认识。把握主旋律，是我这么多年讲课的一贯风格。

□生活中充满挑战，但是阳光总在风雨之后，每天太阳从东方升起，所以我们要有一个好的心情、好的身体来迎接我们的工作，让我们的生活明亮起来，不仅要自己快乐，还要带动别人快乐。

□我想和春天有约，在春暖花开的时候，我能够走下病床，走出医院，去外面感受春光，去呼吸新鲜空气；我想和夏天有约，在建军80周年的时候，我要和全军的同志们，一起庆祝我军的生日；我想和秋天有约，在金秋时节，和在座的各位，和全党全国人民一道，来迎接党的十七大的召开，来憧憬我们的未来；我想和冬天有约，在大雪纷飞的时候，在北国风光、千里冰封、万里雪飘的时候，那是手术一周年的时候，我要以一种崭新的姿态，精神饱满地走向三尺讲台，向同志们奉献一堂精彩的宣讲党的十七大精神的课。

后　记

方永刚，你感动了中国

　　这是一个躁动的年代，当很多人在红尘滚滚的喧嚣中浮躁地迷失了自我时，方永刚却一直坚守自己的三尺讲台，默默践行着自己对祖国和军队的盟誓。这是他对事业、对信仰、对求知、对朋友的一种真情，也是一个共产党员在历经风雨砥砺后的情感升华。

　　无论是朴素的真情还是升华了的真情，在我们这个社会并不缺少。正因为人间自有真情在，才推动了社会在文明中不断前进。但不容否认，也有那么一些人，偏偏慨叹这世间缺少感动，缺乏真情。即使是面对令人怦然心动的人和事，也还可能心存疑问："这是真的吗？"

　　之所以会有这样的疑问，大抵是因为这些人通常认为："在付出之后，图的是什么？"

　　其实，真情就是真情。真情是不带有任何回报和目的的，是完全出于自己内心的责任与善念而产生出来的一种情感。所以，施以这样情感的人不图回报；而接受这种情感的人，也不必特意去回报，只要把这种报恩的感情同样施予别人，才是真正的博大的情怀，这也正是人类最终情感的归结。如果掺杂着各式各样的动机，去对待和接受以及施予这种情感，就不能称之为真情。

一句话，若图表现和回报，就不会有真情；如果冷漠和麻木，就不存在感动。

方永刚之所以让人感动，就在于他将朴实的报恩情感与行动，升华为忠诚事业的责任与善念。这是真情真义，这是大情大义。不过，尽管不图回报，他也有所获得。这便是成功中的喜悦之情，付出中的幸福感觉。正可谓"送人玫瑰，手留余香"。

这是一个迷茫的年代，当很多人因失却了信仰的指引而庸碌地过着没有方向的生活时，方永刚却始终保持着郭小川在《团泊洼的秋天》中所讴歌的那种激越的战士情怀，用党的理论光芒和自己生命的熊熊火焰点燃和辉映着时代的征程，他为千万人传达的党的创新理论，使人们能够战胜迷惘摆脱彷徨，在改革开放的惊涛骇浪中，透过闪亮的航标灯看到迷雾中的航向。可以说，方永刚身上那种为党、为祖国、为人民的事业燃烧的激情，让我们感受到了一个时代的激情勃发。

所谓激情，是一个人受外部事物冲击而引起的一种强烈激动的情感。通俗地讲，就是对人生、理想的追求而产生的兴奋。如果没有激情，甜美的生活有可能会像缺少水分的植物，只能在岁月的磨炼中慢慢地枯死。在现实生活中，就经常有人抱怨自己被忽视，得过且过；抑或感喟自己韶华虚度，随波逐流。此时，他们却不知道应该反思的是，我在短暂的人生中迸发了多少激情？

激情并不神秘。儿时，我们每个人都有着这种与生俱来的冲动，对周围的一切充满了好奇。睁大眼睛，蹑手蹑脚捕捉枝头的蜻蜓；躲在门后，凝神谛听天空阵阵的雷鸣；跪在原野，细心吹起一枚蓬松的蒲公英，任凭自己的激情在山川湖海间飞扬，在危崖飞瀑中奔涌。

因为年轻，我们充满激情。

因为充满激情，我们年轻。

而今，我们的物质生活得到了很大改善，经济得到了长足发展，但一些人的精神生活却日渐衰落，没有了激情，没有了动力，少年的充沛生气被中老年的疲惫暮气所代替。相对于这种倦怠的过程来说，在日常生活中寻找澎湃不竭的激情，则成为一种重要的拯救方式。

　　热爱人生，就该在生活中激情盎然。陶渊明告诫人们："盛年不重来，一日再难晨。及时当勉励，岁月不待人。"这应该成为我们珍惜生命、热爱生活的座右铭。方永刚的典型事迹也告诉我们，幸福来自追求，过程往往比结果更能使人得意。激情使这一过程时时处于"冲锋"状态，激励着你去搏风斩浪，在不断的追求中，获得生命的提升，找寻精神的归宿，实现人生的价值。

　　从某种意义上来说，他又是一个"行者"，他那种坚忍顽强、鞠躬尽瘁的精神，他的那种百折不挠、屡败屡战的斗志，不禁使人想起高尔基所歌颂的那个用心火带领人们走出黑暗的英雄丹柯。

　　巴金老人曾这样形容战士："战士永远是年青的。他不犹豫、不休息……战士永不会失去青春的活力。"

　　身患重病的方永刚，仍然孜孜不倦地攻读党的创新理论。他说："我不会倒下的，因为我是战士！"在有人"指点"要他求神拜佛、祛病消灾的时候，他鄙夷地说："我是共产党员，我不信宿命，我信使命！"

　　党员、战士的崇高使命，让方永刚豪情满怀，而这满怀的豪情正是推进他实现一个目标接着一个目标的原动力。

　　生活离不开豪情。豪情是成功的催化剂，是不怕一切困难险阻、笑迎一切挑战的驱动器。

　　记不清是哪位哲人说过，一切情感都是后天的，压根儿没有先天的情感。这就是说，情感从修养中来，从磨砺中来，从对世间事物准确的把握和认知中来。方永刚身上的那股豪情，自然也不例外。生活的磨难，让他学会珍惜，同时也学会了拼搏；事业的光荣，让他学会了热爱，同时也学会了忠诚；人间的真情，让他学会了付出，也学会了宽容；不断的成功，让他学会了进取，学会了向更高峰攀登……他在开拓奋进中培养豪情壮志，他用豪情壮志激励自己再攀高峰。这股豪情，感染了周围的人，凝聚了周围的人，甚至对他抱有偏见者，也接纳了他，乐意与他交往。这怎能不说是一种力量！

但是，我们的生活中，确实有这么样的人：年龄不大，却老气横秋；大事做不了，小事不愿干；对稍纵即逝的机遇不感兴趣，却还慨叹命运的不公；纵使有雄心大志，却斤斤计较于鸡毛蒜皮。这些人，你不能说他不聪明，不能否认他的智商，但他们不会像方永刚那样一个成功接着一个成功。

鲁迅先生说："真正的猛士，敢于直面惨淡的人生。"这句话是先生针对当时所处的暗无天日的时代说的。在当今这个光明的社会，一切都充满阳光，充满勃勃生机。即使有些人有过苦与难，但也绝对不能用"惨淡"一词来形容。再者，"天上不会掉馅饼"，今天一派蒸蒸日上的社会生活，不都是通过大众的拼搏、用大众的汗水、大众的智慧换来的吗？每个人的境遇不同，身份不同，梦想不同，能力不同，但要到达成功的人生顶峰，所有人都需要有一股敢于直面挫折的豪气，勇于拼搏进取的情怀。

这一点，方永刚做到了。从他的人生经历看，他以一种豪迈之情忠诚于自己的事业，攻坚克难，取得了有目共睹的丰硕成果。每次遭受挫折，他都会说："我摔得还不够痛！"在调职调衔上有时感觉不如意，但他会想，有人比自己还慢呢，今年不行，明年总行了吧，明年不行后年总行了吧。即使在患了结肠癌之后，他慨叹的不是自己的不幸、命运的不公，而是认为"对不起自己的学生，没法听到自己的课了"。大丈夫能屈能伸的一腔豪气溢于言表。

由此，方永刚对待事业、对待生活、对待命运的态度，留给我们的启示是，顺利时节节攀高，逆境中挑战困厄，不幸时理解宽容。这是一种博大的胸怀，这是大智慧、大聪明。

美好的人生不钟情期期艾艾者，不钟情斤斤计较者，不钟情能屈不伸者，不钟情那些只有"小智慧、小聪明"，没有"大聪明、大智慧"者。当你对人生感到失落，当你对事业感到力不从心时，不妨学一学方永刚，把你的豪情释放出来，为你的人生加一把动力吧！

他不是一个唱高调的人，他看重自己想做的事就一定要全力做好，自己选对的路一定要坚持走好。正因为此，他方能在自己罹患绝症的时候，并不怨天尤人，而是以一种感恩的心，慨叹上苍对自己不薄，让自己能把一生中最好的 20 年，都用在自己所珍视的学科上与事业中。

在方永刚身上，我们看到了一个普通军人为了国家和民族的利益所做出的那种超常规的奉献。我们相信，在部队这个大家庭中，正是有了千万人的这种无私奉献，才成就了中国军队这一钢铁之师。我们也同样相信，在祖国这一大家庭中，正是有了千万人的这种忘我精神，才有了共和国令世界瞩目的崛起。

100位

新中国成立以来感动中国人物

丁晓兵　马万水　马永顺　马恒昌　马海德　中国女排五连冠群体

孔祥瑞　孔繁森　文花枝　方永刚　方红霄　毛岸英

王　杰　王　选　王　瑛　王乐义　王有德　王启民

王进喜　王顺友　邓平寿　邓建军　邓稼先　丛　飞

包起帆　史光柱　史来贺　叶　欣　甘远志　申纪兰

白芳礼　任长霞　刘文学　刘英俊　华罗庚　向秀丽

廷·巴特尔　许振超　达吾提·阿西木　邢燕子　吴大观

吴仁宝　吴天祥　吴金印　吴登云　宋鱼水　张　华

张云泉　张秉贵　张海迪　时传祥　李四光　李春燕

李桂林和陆建芬夫妇　李素芝　李梦桃　李登海　杨利伟

杨怀远　杨根思　苏　宁　谷文昌　邰丽华　邱少云

邱光华　邱娥国　陈景润　麦贤得　孟　泰　孟二冬

林　浩　林巧稚　林秀贞　欧阳海　罗映珍　罗健夫

罗盛教　草原英雄小姐妹　赵梦桃　钟南山　唐山十三农民

容国团　徐　虎　秦文贵　袁隆平　钱学森　常香玉

黄继光　彭加木　焦裕禄　蒋筑英　谢延信　韩素云

窦铁成　赖　宁　雷　锋　谭　彦　谭千秋　谭竹青

樊锦诗

图书在版编目（CIP）数据

方永刚 / 虞章才，王智涛编著. -- 长春 ：吉林文
史出版社，2012.9（2024.5重印）
（100位新中国成立以来感动中国人物）
ISBN 978-7-5472-1199-1

Ⅰ．①方… Ⅱ．①虞… ②王… Ⅲ．①方永刚－生平
事迹－青年读物②方永刚－生平事迹－少年读物 Ⅳ.①K825.2

中国版本图书馆CIP数据核字(2012)第218251号

方永刚

FANGYONGGANG

编著/ 虞章才 王智涛

选题策划/ 王尔立 责任编辑/ 王尔立 李洁华 任玉茗

装帧设计/ 韩璘

出版发行/ 吉林文史出版社

地址/ 长春市福祉大路5788号 邮编/ 130118

电话/ 0431-81629363 传真/ 0431-86037589

印刷/ 天津海德伟业印务有限公司

版次/ 2012年9月第1版 2024年5月第5次印刷

开本/ 640mm×920mm 1/16

印张/ 9 字数/ 100千

书号/ ISBN 978-7-5472-1199-1

定价/ 29.80元